"A Escritura é um livro estranho qu
diferente sobre quem somos. É estrai
cio é o tema-chave da nossa identidade nesta vida, tão cheia de
estresse pelo trabalho, de relacionamentos quebrados e de fracasso pessoal. Mas Welch nos mostra que estar perto de Deus, seguros pela obra sacerdotal de nosso Senhor Jesus Cristo, é aquilo para o qual fomos criados. Este livro irá ajudá-lo a enxergar a si mesmo nessa luz estranha e maravilhosa."

Jeremy Pierre, Professor Associado de Aconselhamento Bíblico na Lawrence and Charlotte Hoover; Catedrático, Departamento de Aconselhamento Bíblico e Ministério de Família, The Southern Baptist Theological Seminary; coautor, *O pastor e o aconselhamento*

"Você tem seus livros sobre graça e seus livros mais antigos sobre santidade. Às vezes, eles existem em dois mundos diferentes, mas não para Ed Welch. Em um livro cheio de ricas percepções que ligam o Antigo e o Novo Testamento, Welch pinta um quadro de santidade e intimidade com Deus que faz com que você queira ser santo. Ele amplia nossa visão de santidade, trabalhando para transformá-la em uma visão de beleza. Você vai querer obedecer depois de ler este livro."

Paul Miller, Diretor Executivo, seeJesus; autor, *A Praying Life* e *J-Curve*

"Não há maior desejo humano do que o desejo pela intimidade relacional. Isso porque somos criados para ter intimidade com nosso criador e com os outros. O pecado destrói essa intimidade, e o evangelho a restaura. A melhor notícia que ouviremos é que o Deus perfeitamente santo nos convida para a comunhão à mesa como seus filhos adotivos. Pela fé, todo crente tem pleno acesso, como sacerdote, para aproximar-se corajosamente do trono da graça. Ed Welch oferece grande ajuda na compreensão desses resultados surpreendentes da obra consumada do nosso Grande Sumo Sacerdote. Espero que este livro tenha uma grande influência para encorajar o povo de Deus a se apoderar de nossos privilégios sacerdotais em Cristo."

K. Erik Thoennes, Professor e Catedrático de Teologia, Talbot School of Theology, Biola University; Presbítero de Vida Congregacional, Grace Evangelical Free Church, La Mirada, California

"'Você é um sacerdote real. Essa realidade vai mudar a maneira como você vive'. Com essa enorme reivindicação, Ed Welch apresenta *Sacerdócio real: entre na presença de Deus*. Eu queria ser persuadido, mas estava duvidoso. Minhas dúvidas agora foram dissipadas. Como eu podia não enxergar o significado e a influência dessa verdade? Este livro vai, de fato, mudar a maneira como você vive, mudando a visão que você tem de Deus, de si mesmo e do evangelho."

David Murray, Professor de Antigo Testamento e Teologia Prática, Puritan Reformed Theological Seminary

"Eu aprecio os escritos de Ed Welch. Não conheço outro conselheiro que possa escrever um livro como este – Ed construiu para nós uma rica teologia bíblica da presença de Deus. O livro *Sacerdócio real: entre na presença de Deus* me ajudou a entender melhor meu Antigo Testamento e fez crescer meu amor por Jesus como salvador e sumo sacerdote da minha alma."

Deepak Reju, Pastor de Aconselhamento Bíblico e Ministério de Família, Capitol Hill Baptist Church; coautor, *O pastor e o aconselhamento*

"Quando alguns escritores e pregadores de hoje sugerem que o evangelho é apenas sobre perdão, Ed Welch nos lembra de que o evangelho também são as boas-novas de que Deus nos traz a uma vida de santidade."

Gerald McDermott, Catedrático Anglicano de Divindade e Diretor do Institute of Anglican Studies, Beeson Divinity School, Samford University

SACERDÓCIO REAL

ENTRE NA PRESENÇA DE DEUS

EDWARD T. WELCH

Dados Internacionais de Catalogação na Publicação (CIP)
(eDOC BRASIL, Belo Horizonte/MG)

W441s Welch, Edward T., 1953-
   Sacerdócio real: entre na presença de Deus / Edward T. Welch. – São José dos Campos, SP: Fiel, 2022.
   256 p. : 14 x 21 cm

   Título original: Created to Draw Near: our life as God's royal priests
   ISBN 978-65-5723-179-1

   1. Sacerdócio. 2. Identidade (Psicologia) – Aspectos religiosos – Cristianismo. I. Título.
   CDD 234

Elaborado por Maurício Amormino Júnior – CRB6/2422

SACERDÓCIO REAL:
Entre na presença de Deus

Traduzido do original em inglês:
Created to Draw Near:
Our Life as God's Royal Priests

Copyright © 2020 by Edward T. Welch

■

Publicado originalmente por
Crossway
1300 Crescent Street
Wheaton, Illinois 60187

Copyright © 2021 Editora Fiel
Primeira edição em português: 2022

Todos os direitos em língua portuguesa reservados por Editora Fiel da Missão Evangélica Literária
PROIBIDA A REPRODUÇÃO DESTE LIVRO POR QUAISQUER MEIOS SEM A PERMISSÃO ESCRITA DOS EDITORES, SALVO EM BREVES CITAÇÕES, COM INDICAÇÃO DA FONTE.

■

Diretor: Tiago Santos
Supervisor Editorial: Vinicius Musselman
Editora: Renata do Espírito Santo
Coordenação Editorial: Gisele Lemes
Tradução: Karina Naves
Revisão: Bruna Gomes Ribeiro
Diagramação: Rubner Durais
Capa: Rubner Durais
ISBN impresso: 978-65-5723-179-1

Caixa Postal 1601
CEP: 12230-971
São José dos Campos, SP
PABX: (12) 3919-9999
www.editorafiel.com.br

Para

Ruby	Adelaide
Weston	Alden
Jasper	Jack
Penny	Lucy

Cada um de vocês, uma inspiração.

SUMÁRIO

Introdução: Ansiando por proximidade 13

PARTE 1: NOSSO PASSADO

ÉDEN
1 No jardim de Deus 19
2 À imagem de Deus 27
3 Não vestidos ainda 31
4 Discernir o certo do errado 35
5 Um intruso 41
6 Discernimento perdido 47
7 A vida fora do Santíssimo Lugar 53

ISRAEL
8   Santuários e escadas 61
9   Jacó 67
10 Moisés 71
11 Uma nação de sacerdotes 77
12 Santo 81
13 Uma refeição com Deus 89
14 Na casa de Deus 93
15 Sacerdotes vestidos 99
16 Descrições de trabalho 103

17	Sacerdotes ao trabalho	111
18	"Sede santos, porque eu sou santo"	129
19	No tribunal de Deus	133
20	Um interlúdio tumultuado	139

PARTE 2: JESUS, NOSSO TABERNÁCULO

21	O Santo desce	147
22	Jesus, nosso Cordeiro Pascal	151
23	Interrompido por um casamento	157
24	Jesus, o Templo	163
25	Jesus, o Sumo Sacerdote	167
26	Creia	171
27	Descendo ainda mais	177
28	O Cordeiro morto	183
29	Jesus ascende, o Espírito desce	187

PARTE 3: QUASE VERDADEIRAMENTE HUMANO

30	Sacerdotes em vestes comuns	195
31	Sacerdotes descem e sobem	199
32	Santos	205
33	Faces brilhantes	209
34	Pedras vivas, fontes que fluem	215
35	Entrar	221
36	Ser enviado	227
37	Andando monte acima	235
38	O Sumo Sacerdote ora por você	241
	Epílogo	245

Mas, de fato, habitaria Deus
com os homens na terra?[1]

Portanto, que todos aqueles
que se reconhecem como cristãos
sejam assegurados disto, de que somos todos
igualmente sacerdotes.[2]

A condição apropriada de criaturas
é manter-se perto de Deus.[3]

---

1 Rei Salomão, 2 Crônicas 6.18.
2 Martin Luther, "Word and Sacrament," in *Luther's Works*, vol. 36, ed. Abdel Ross Wentz (Philadelphia: Muhlenberg, 1959), 116.
3 John Calvin, "The Epistles of Paul to the Galatians and Ephesians," em *Calvin's Commentaries*, vol. 41, trad. William Pringle, (Edinburgh: Calvin Translation Society, 1854), Ef. 1.10; 205.

INTRODUÇÃO
ANSIANDO POR PROXIMIDADE

Nossa veia independente é profunda. Nosso desejo por proximidade é ainda mais profundo.

- O bebê para de chorar quando é segurado no colo.
- As crianças querem ser parte de um grupo e ter um melhor amigo.
- A comunicação ao vivo sempre é melhor do que a comunicação digital.
- Ser verdadeiramente conhecido, sem ter nada a esconder, e conhecer verdadeiramente os outros é a vida em seu melhor estado.
- A solidão é o pior. O confinamento solitário ainda é a punição mais intolerável. Mesmo o curto tempo em que a criança fica de castigo pode ser insuportável.

- Quando estamos perto da morte, queremos que outras pessoas estejam conosco. Ninguém quer morrer sozinho.

A condição humana é inclinada para a conexão e a proximidade. Sabemos que o relacionamento próximo com outras pessoas é difícil e que elas podem nos ferir profundamente, mas não desistimos. Mesmo depois de termos sido devastados, ainda temos esperança de que um relacionamento próximo seja possível. Os substitutos desses relacionamentos — as coisas e as atividades — sempre ficam aquém das expectativas.

Vá um pouco mais a fundo, e podemos perceber algo semelhante mesmo em relação a Deus. Podemos preferir que Deus fique a uma distância segura — um Deus distante faz menos exigências —, mas queremos que ele esteja próximo durante os problemas e podemos ficar frustrados quando ele parece quieto em tais momentos, embora possamos tê-lo ignorado durante meses. Até mesmo os ateus têm seus momentos. Julian Barnes, em *Nothing to Be Frightened Of* [Nada a temer], escreveu sobre sua tentativa de enfrentar seu medo da morte: "Eu não acredito em Deus, mas sinto falta dele".[4]

Estar perto de Deus é certamente um desejo humano, mas ter intimidade com alguém que você não pode ver apresenta desafios, e a intimidade quando você se sente um pouco culpado é ainda mais desafiadora. Essa intimidade, porém, é a esperança cristã, e não desistiremos dela.

---

4 Julian Barnes, *Nothing to Be Frightened Of* (New York: Vintage, 2008), 3.

Tudo isso carrega o selo de nossa linhagem espiritual: somos sacerdotes. A intenção de Deus para com a humanidade tem sido que vivamos na casa dele e recebamos sua hospitalidade divina.[5] Essa é a missão dos sacerdotes — *sacerdotes estão próximos a Deus*. Partindo desse ponto, acumularemos ricos detalhes. Em sua residência real, que ele declara também ser nossa, somos conhecidos, não temos vergonha, estamos em paz uns com os outros, estamos vestidos com vestes que ele mesmo fez sob medida, somos conduzidos a um banquete e somos unidos a ele em uma comunhão que nos deixa à procura de palavras para descrevê-la. Essa identidade sacerdotal é uma primeira maneira de entender o povo de Deus — *todo* o povo de Deus, homens e mulheres.

A fim de nela ingressar, a Escritura deve moldar o sacerdócio para nós, pois todos nós chegamos com lembranças e imagens de sacerdotes — algumas boas, outras estranhas, outras horríveis. Muitos de nós querem evitar os sacerdotes que estão vestidos com todo o paramento. Eles são diferentes do resto de nós. Quando estão perto, a leveza chega ao fim, o que sugere que Deus também se opõe ao divertimento. Eles podem usar sua autoridade para seus próprios propósitos, o que envenena todo o sacerdócio e desonra a Deus. Portanto, devemos nos entender como sacerdotes pela forma como Deus identifica o sacerdócio, e não pela maneira como vivenciamos os sacerdotes passados e presentes.

---

5 Michael Morales, *Who Shall Ascend the Mountain of the Lord?* (Downers Grove, IL: InterVarsity Press, 2015), 18.

Uma vez que você experimentar essa identidade, gostará de usá-la. Imagine só: os sacerdotes serviam na casa de Deus, o conheciam de perto, comiam refeições com ele e desfrutavam sua presença. Quando circulavam entre o povo, eles tinham o invejável trabalho de pronunciar uma bênção sobre as pessoas:

O Senhor te abençoe e te guarde;
o Senhor faça resplandecer o rosto sobre ti
  e tenha misericórdia de ti. (Nm 6.24-25)

Como é possível não gostar? E isso é só o começo.
Você é um sacerdote real. Essa realidade vai mudar a maneira como você vive.

PARTE 1

NOSSO PASSADO

ÉDEN

> Deus
> Céu
> Templo
> **PERTO**
> Éden
> Terra
> Humanidade

NO JARDIM DE DEUS

Uma maneira natural de acompanhar a história sacerdotal é procurar por tabernáculos e templos. Era ali que os sacerdotes trabalhavam, e foi ali que Deus se aproximou. Na história de Israel, o tabernáculo era a tenda portátil de Deus, montada durante os anos do deserto. O templo refere-se à habitação estacionária de Deus em Jerusalém, que veio mais tarde. Ambos identificam a casa de Deus na terra.

A Figura 1 ilustra a configuração do tabernáculo original. Ele consistia em uma tenda fechada de dois recintos com um pátio externo. O recinto mais interno da tenda era o Santíssimo Lugar, e foi ali que a humanidade chegou mais perto do Senhor. O tabernáculo foi projetado como uma tenda de 4,5 metros por 4,5 metros quadrados. Se você incluir a cobertura, era um cubo perfeito. Era a sala do trono de Deus e o lugar de sua presença. O acesso era restrito a uma visita por ano feita pelo sumo sacerdote. No recinto adjacente, com seu desenho retangular menos que perfeito (4,5 metros por 9 metros), entrava diariamente um dos sacerdotes que cuidava de um candelabro e de um altar que queimava incenso. Fora da tenda havia um pátio aberto, que era sempre um burburinho de atividade. Ao redor de tudo isso, havia cortinas pesadas de 2 metros de altura, 23 metros de largura e 45 metros de comprimento aproximadamente.

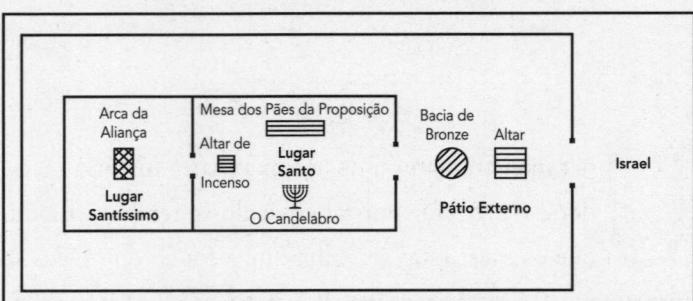

Figura 1: O Tabernáculo do Deserto (Êxodo 25-30)

O problema é que o tabernáculo só aparece mais tarde no desenrolar da história da Escritura — por volta do tempo de Moisés. Identidades são forjadas na Criação. Portanto, nós procuramos momentos quando Deus se aproximou *antes* do tabernáculo.

> No princípio, criou Deus os céus e a terra. A terra, porém, estava sem forma e vazia; havia trevas sobre a face do abismo, e o Espírito de Deus pairava por sobre as águas. (Gn 1.1-2)

O domínio de Deus é o céu, e o do homem é a terra, e é por isso que o fato de o Espírito pairar sobre as águas é inesperado. Pairar sobre as águas implica proximidade. As águias pairam sobre seus filhotes (Dt 32.11). Os deuses das lendas permaneceram em suas moradas. O único Deus verdadeiro, porém, aproximou-se e, quando o fez, a vida do céu veio à terra. Ele o fez no princípio. Ele o fez quando o Espírito envolveu Maria com sua sombra (Lc 1.35). Ele o fez mais tarde, quando o Espírito desceu sobre Jesus em seu batismo (Lc 3.22). Ele o faz agora. Aparentemente, o céu nunca foi destinado a conter o Deus trino. O movimento entre o céu e a terra foi sempre destinado a ser fluido.

O que se segue é a história desse movimento entre o céu e a terra: Deus vindo da sua morada para a nossa, e nós sendo levados para a dele. Aqui você encontrará sacerdotes. Trata-se de uma história intensamente pessoal de compromisso mútuo. A questão é: Como o Deus santo se aproximará de seu povo profano, o tornará seu e estará com esse povo da forma mais íntima possível? Isso vai acontecer. O Espírito que pairava anunciava o que estava por vir.

Dentro do Éden havia um jardim — exuberante, sem qualquer indício de morte ou vegetação infrutífera. Em todos os lugares havia uma vida rica, animada, quase que tremenda. Não podia ser de outra forma porque aquele era o jardim de Deus, o lugar onde o céu e a terra se encontravam. Era mais um "local de encontro" do que um mero jardim.[6] Aqui Deus e a humanidade saíam para dar um passeio. Essa era "a montanha sagrada de Deus", ao redor da qual gerações posteriores

---

6 Julie Canlis, *Calvin's Ladder* (Grand Rapids, MI: Eerdmans, 2010), 54.

esperavam se reunir e à qual talvez ascender (Ez 28:14). Essa era a casa de Deus.

Para os antigos israelitas, a referência era clara: o jardim era o primeiro tabernáculo, e o lar da humanidade estava na presença de Deus, em seu lugar santíssimo. A evidência é inconfundível (Figura 2).[7] Onde quer que Deus esteja, *existe* a tenda de sua habitação.

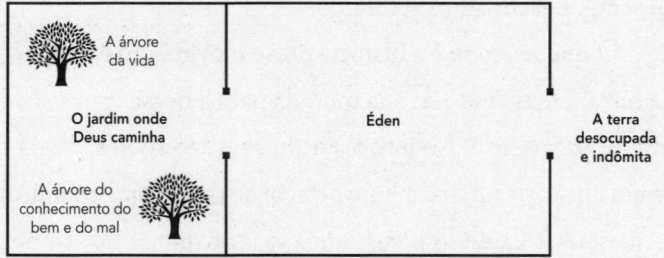

Figura 2 O Primeiro Tabernáculo no Éden (Gn 2)

> E plantou o Senhor Deus um jardim no Éden, na direção do Oriente, e pôs nele o homem que havia formado. Do solo fez o Senhor Deus brotar toda sorte de árvores agradáveis à vista e boas para alimento; e também a árvore da vida no meio do jardim e a árvore do conhecimento do bem e do mal. E saía um rio do

---

[7] Veja John Walton, *The Lost World of Genesis One* (Downers Grove, IL: InterVarsity Press, 2009); G. K. Beale and Mitchell Kim, *God Dwells Among Us: Expanding Eden to the Ends of the Earth* (Downers Grove, IL: InterVarsity Press, 2014), caps. 1–2; veja também John Walton, *The Lost World of Adam and Eve: Genesis 2–3 and the Human Origins Debate* (Downers Grove, IL: InterVarsity Press, 2015), 104-15; Uche Anizor e Hank Vos, *Representing Christ: A Vision for the Priesthood of All Believers* (Downers Grove, IL: InterVarsity Press, 2016).

Éden para regar o jardim e dali se dividia, repartindo-se em quatro braços [...] Tomou, pois, o Senhor Deus ao homem e o colocou no jardim do Éden para o cultivar e o guardar. (Gn 2.8-10, 15)

+ A própria palavra *jardim* sugere algo fechado e protegido. Ele foi colocado à parte de todo o resto. O jardim estava *no* Éden. O Éden era uma área demarcada maior, e depois havia o mundo além. O modelo celestial para o tabernáculo já estava à vista: o lugar santo (o Éden) estava perto dele; o lugar santíssimo (o jardim) estava *mais próximo*.
+ Uma vez que Deus é vida, podemos esperar ver água por perto. "E saía um rio do Éden para regar o jardim e dali se dividia, repartindo-se em quatro braços" (Gn 2.10). Esses rios aparecem novamente tanto na visão de Ezequiel sobre o templo (Ez 47.1-12) como na visão de João com a "água da vida, brilhante como cristal, que sai do trono de Deus e do Cordeiro" (Ap 22.1).
+ A humanidade tinha uma missão nesse tabernáculo — "o cultivar e o guardar" (Gn 2.15) —, que é a mesma linguagem usada para os sacerdotes e levitas no tabernáculo de Israel. Os sacerdotes deveriam servir e "montar guarda" sobre ele (Nm 1.53; 3.36; NVT). Isso significa que o trabalho da humanidade no jardim não estava restrito à jardinagem. A humanidade devia manter o terreno do templo e também protegê-lo contra intrusos.

+ Entre a vegetação do Éden estava a árvore da vida. Talvez tenha sido o meio pelo qual o Senhor realmente deu vida duradoura ao seu povo. Ela também foi designada como um símbolo da vida que temos na presença de Deus. Deus sempre conecta a vida que podemos ter nele com um sinal. Na próxima versão do tabernáculo, a árvore será uma versão estilizada de si mesma, tomando a forma de um candelabro florido (Êx 25.31-34), fundindo as imagens da vida e da luz. Mais tarde, no templo final, a árvore não mais está separada, mas disponível por meio de Jesus para todas as nações e destina-se à sua cura (Ap 22.1-2).

Tudo isso significa que, desde o início, nossa existência cotidiana foi destinada a ser vivida nos recintos do templo. Nossa herança é o sacerdócio real, e uma vez que os propósitos de Deus para nós nunca mudaram, você é um sacerdote real. Você tem uma rica descrição do seu trabalho, e o Espírito de Deus está com você. A comunhão e a hospitalidade de Deus começaram a sério.

Por ora, imagine esse sacerdócio como uma caminhada com o Senhor. Ele caminhava com o homem e a mulher no jardim. Ele continuou caminhando com pessoas infiéis no deserto e prometeu: "Andarei entre vós e serei o vosso Deus, e vós sereis o meu povo" (Lv 26.12). Ele deseja que estejamos perto. Isso certamente pode corroer velhos mitos sobre Deus estar longe e cronicamente decepcionado com você.

Comunhão. Proximidade. O céu vem à terra, e nossa casa está na intersecção dos dois. Esse tem sido o plano de Deus para a humanidade, e ele o fez.

REFLEXÃO

Para manter a comunicação pessoal e recíproca que podemos ter com o próprio Deus, parece natural que respondamos:

1. Há uma diferença entre ser deixado em um belo jardim e ser colocado perto de Deus em sua casa na terra. Que diferença isso faz na maneira como você conta sua própria história?

2. Você aprende muito sobre as pessoas ao passar tempo na casa delas. Ao entrar nessa casa inicial, o jardim, o que você aprende sobre o Senhor?

2

À IMAGEM DE DEUS

Somos criados à imagem do próprio Deus.

> Também disse Deus: Façamos o homem à nossa imagem, conforme a nossa semelhança. (Gn 1.26)

Nunca houve tanta coisa junta em uma frase só. Carregar a imagem de Deus é ser como ele e ter a capacidade de crescer em um relacionamento com ele. A proximidade, afinal, é inútil se não houver uma semelhança entre um e o outro. Podemos desfrutar a presença de um cão ou de um gato, e às vezes os animais de estimação podem tocar nossa solidão, mas um animal de estimação não pode substituir alguém de nossa própria espécie.

Os animais, assim como *toda* a criação, refletem a glória de Deus e carregam sua semelhança. Há algo na força, nas comunidades e nas habilidades singulares dos animais que apontam para Deus. A luz, a água e as rochas fazem o mesmo. Elas refletem a glória de Deus e são como Deus de alguma forma. A humanidade, no entanto, se destaca. Enquanto toda a criação subumana reflete o Criador, nós somos semelhantes a ele em todos os aspectos possíveis a uma criatura.

Para aqueles que saíram do Egito, que foram os primeiros a ouvir falar dessa coisa de portar imagem, a notícia foi eletrizante. Eles tinham ouvido que somente o Faraó era a imagem de um deus e o único que tinha acesso aos deuses; os demais eram seus servos ou escravos. Mas então foi dito a toda uma nação de escravos que eles compartilhavam de uma conexão singular com o Deus que está acima de todos os deuses. Como as crianças estão para o pai, assim eles estavam para Deus. "Tal pai, tal filho" — era isso o que "ser à imagem de" comunicava. Essa conexão familiar foi afirmada quando a mesma linguagem foi usada para o relacionamento de Adão com sua prole. "Viveu Adão cento e trinta anos, e gerou um filho à sua semelhança, conforme a sua imagem, e lhe chamou Sete" (Gn 5.3).

Experimentamos uma semelhança ou um parentesco com Deus que nos qualifica de forma única para um relacionamento com ele. Podemos representá-lo para o mundo, podemos participar de seus propósitos e podemos imitá-lo. De toda a criação, compartilhamos o parentesco mais próximo com Deus, de modo que somente nós podemos conhecê-lo e ser conhecidos por ele da maneira mais íntima possível. Somente nós podemos ter uma comunicação recíproca, reservada aos relacionamentos pessoais. Nossa conexão é mais intensa. Nós, distintos de tudo, podemos conhecer seu amor e amá-lo em troca. Somente nós temos a capacidade de viver em Deus e ele em nós — uma realidade que se tornou central aos ensinamentos do apóstolo Paulo. Não admira que o salmista nos identifique como tendo sido coroados com glória e honra (Sl 8.5).

Assim, ao que parece, os sacerdotes são a própria descendência de Deus e compartilham de sua semelhança. Nossa linhagem é do céu, o que nos torna híbridos do céu e da terra, embora as escalas se inclinem na direção do céu. Estamos mais ligados ao céu do que o resto da criação. Somos filhos sacerdotes ou, como nosso Pai é o rei, somos sacerdotes reais que podem desfrutar sua companhia assim como ele realmente desfruta a nossa.

Daquela casa edênica, nós — a humanidade — fomos enviados para fora, como se a nossa casa fosse também um local de encenação para nossa missão sacerdotal. Havia muito o que fazer. O mundo além do Éden era indomado, e nós fomos chamados a reclamá-lo para o Senhor, trabalhá-lo e guardá-lo. Nossa missão era imitá-lo e representá-lo na terra. Somos espelhos angulares capazes de refletir sua glória para o mundo, o que pressupõe que precisamos de sua presença; caso contrário, não há nada para refletir. Com nossos olhos nele, aprendemos seus caminhos e depois o imitamos.

Dar vida captura essa ideia. Fértil. A humanidade abençoa a terra e estende a vida de Deus até seus mais longínquos alcances — "Sede fecundos, multiplicai-vos, enchei a terra e sujeitai-a" (Gn 1.28). Isso significa que o propósito do homem era expandir os limites do jardim e levantar novos sacerdotes para representar o Senhor ao longo da terra. Mais tarde, a missão foi resumida a "sereis santos, porque eu sou santo" (p. ex., Lv 11.45) — isso também identifica as pessoas como agentes de vida. Mais tarde ainda, Jesus a suplantou com a Grande Comissão: "Ide, portanto, fazei discípulos de todas as nações, batizando-os em nome do Pai, e do Filho, e do Espírito Santo" (Mt 28.19).

Os escritores do Novo Testamento simplificam a Grande Comissão como um chamado para refletir e encarnar o amor de Jesus. O céu vem à terra *por meio* de nós, por meio do amor impulsionado pelo Espírito. E no meio disso tudo, desfrutamos a comunhão, pois participamos dos planos de Deus e somos ainda mais levados ao seu amor. Essa é a vida em toda plenitude.

A humanidade recebeu uma missão nobre e inabalável, uma missão que seria beneficiada com um pouco de experiência e de maturidade. Como resultado, antes de ir mais ao leste e levar o emblema do Senhor para novas terras, a humanidade precisava ser preparada por meio de um pouco de teste e de treinamento.

REFLEXÃO

1. Certamente essa revelação de ter sido feito à imagem de Deus é algo que pode lhe trazer seriedade. Ela acarreta responsabilidades significativas. Por enquanto, porém, sua tarefa é ser elevado por ela. Você é a descendência do Rei na Terra — uma identidade cheia de honra. Isso acrescenta significado a tudo. Nos detalhes da vida, você vive sua chamada real. Você se sente elevado por essa realidade? Como isso faz diferença na vida cotidiana?

2. Receber vida em abundância e dar vida são características significativas de sua história. Tire um tempo para reconhecer isso. Quando você conheceu a vida? Quando você já a viu em outros? Nesse ponto da história bíblica, já podemos prever que dar e receber vida encontrarão sua expressão mais completa em Jesus, que é o caminho, a verdade e a vida.

3

NÃO VESTIDOS AINDA

Os primeiros sacerdotes estavam nus, pelo menos por um tempo.

As crianças pequenas parecem gostar de estar nuas. Minha filha era babá para uma família cujos filhos designaram o período das dezesseis às dezessete horas, todas as tardes, para ser a "Hora da Nudez". Quando ouvi isso pela primeira vez, achei estranho, até perceber que nossos filhos e netos tinham suas próprias versões da Hora da Nudez; eles só não tinham infligido isso às babás. Primeiro, um neto gêmeo de três anos de idade tirava algumas roupas, depois o outro, e então ambos tiravam mais peças até que o riso fosse geral.

Entretanto, a hilaridade desse tipo de situação é reservada para crianças pequenas, não para adultos. A Escritura não identifica as brincadeiras nuas pelo Éden como ideais para a humanidade. Deus sempre teve a intenção de nos vestir e, à medida que crescemos, a maioria de nós prefere usar roupas. Assim, por melhor que a frase "estavam nus e não se envergonhavam" (Gn 2.25) possa soar para alguns, esse fato anunciava a necessidade de roupas que viriam com a maturidade.[8] Isso, sem dúvida, é um alívio para a maioria de nós.

Quando os reis ascendem a seus tronos, eles vestem roupas majestosas. Quando os sacerdotes foram implementados, eles foram investidos com vestes reais (Êx 28). Pense em como as vestes reais honraram José (Gn 41.42), Mordecai (Et 6.8.11) e até mesmo o Filho Pródigo (Lc 15.22). As noivas também participam dessa tradição. Com um novo *status* vêm novas roupas. Adão e Eva estavam na fila para tal honra. A tarefa deles era crescer em sabedoria, e com sabedoria viriam a investidura e as vestes de justiça. Tudo isso tornaria a humanidade mais acuradamente representativa e refletora da glória de Deus, e a aproximaria ainda mais dele.

Portanto, a beleza faz parte do pacote sacerdotal. Se estamos próximos de Deus, não pode ser de outra forma. Na época de Adão e Eva, o homem certamente tinha dignidade e uma espécie de beleza por causa de sua estreita conexão com aquele que é belo. Mas essa beleza deveria aumentar à medida que o homem crescesse em sabedoria e se vestisse apropriadamente com roupas feitas sob a direção específica de Deus. Uma vez dadas e ligeiramente alteradas, elas iriam até mesmo inspirar uma canção:

---

8 Veja William N. Wilder, "Illumination and Investiture: The Royal Significance of the Tree of Wisdom in Genesis 3," *Westminster Theological Journal* 68 (2006):51-69.

> Regozijar-me-ei muito no SENHOR,
>   a minha alma se alegra no meu Deus;
> porque me cobriu de vestes de salvação
>   e me envolveu com o manto de justiça,
> como noivo que se adorna de turbante,
>   como noiva que se enfeita com as suas joias.
>
> (Is 61.10)

O caminho em direção a esse embelezamento era simples: "mas da árvore do conhecimento do bem e do mal não comerás" (Gn 2.17). Esse era o caminho para a beleza, a honra e a comunhão com Deus. Faça isso e viva verdadeiramente. O caminho que o homem escolheu desviou-se desse caminho, porém o projeto de embelezamento continuou, pois não dependia da obediência e dos melhores esforços do homem, mas somente da busca por parte de Deus.

REFLEXÃO

1. Imagine o que esse embelezamento significa para suas inseguranças e sua vergonha. Deus veste seu povo, e, com essa roupa, não temos nada a esconder. Conforme a história se desenrola, os sacerdotes são os primeiros a serem vestidos, e muito do que vem depois são variações das vestes sacerdotais reais (p. ex., Ef 6.10-18). Como Deus vestiu você? Que diferença isso faz?

2. Você é um sacerdote que está vestido, e você é um sacerdote que está crescendo ou amadurecendo. A criança se torna o

adulto, e o adulto sempre tem espaço para um maior crescimento e maturidade. Como você espera crescer? Conforme podemos observar mesmo nos relacionamentos humanos, o resultado é ainda mais intimidade com o Senhor.

4

DISCERNIR O CERTO DO ERRADO

As duas árvores do Éden nos dizem muito sobre sermos sacerdotais e mais plenamente humanos. O conhecimento do bem e do mal, e a nossa opção pelo bem, é o caminho da verdadeira vida. Desconsideramos essas distinções por nossa conta e risco. "Mas da árvore do conhecimento do bem e do mal não comerás; porque, no dia em que dela comeres, certamente morrerás" (Gn 2.17).

Era uma coisa simples. Quando Deus diz não, nós o imitamos e dizemos não. É assim que nos parecemos com o Senhor e entramos em comunhão com ele. Poderíamos chamar isso de distinguir o certo do errado, e isso é essencial para todos os relacionamentos. Todo relacionamento tem suas regras que se destinam a abençoar esse relacionamento. Nós falamos a verdade, mantemos nossa palavra, temos o melhor interesse do outro em nosso coração. Faça isso, e um relacionamento cresce.

Ignore-os, e ele morre. Isso acontece no relacionamento humano, porque segue o padrão divino.

Para sermos completamente humanos, o que significa estar próximo ao Senhor, precisamos saber que existem dois caminhos:

- O caminho que é com Deus e para Deus é vida e honra. É um caminho que diz sim para o sim de Deus e não para o não de Deus.
- O caminho que leva para longe de Deus pode ter a sensação de ser um bom caminho por um momento, mas ele vai precipitadamente para a morte. É um caminho que diz sim para o não de Deus e diz não para o sim de Deus.

O discernimento entre esses dois caminhos é essencial. É uma característica principal da nossa humanidade. O discernimento moral, a obediência, diferenciar o certo do errado — essas são questões irrelevantes para os animais e as rochas, mas essenciais para uma vida frutífera e boa para aqueles que são réplicas do Deus celestial na terra.

Para crescer nessa tarefa tão nobre, nosso Pai nos dá tudo aquilo de que precisamos. Ao longo da história, ele tem sido aberto e específico sobre os dois caminhos da vida, e tem se empenhado em repetir-se e nos implorar para discernir o correto. Na época de Moisés, quando os Dez Mandamentos e muitas outras leis começaram a entrar em vigor, era como se não fosse possível confiar ao homem a mais ínfima das decisões, então o Senhor as soletrou. Mas, a princípio, a direção foi mantida a um mínimo.

"Não coma desta árvore". Por que isso? É o que os bons pais fazem. Eles ensinam seus filhos e os instigam em obediência em prol da segurança e da bênção dos filhos. Eles insistem na obediência quando estão presentes ou ausentes, e é quando os pais estão ausentes que o discernimento dos filhos é posto à prova. Será que eles obedecerão somente quando os pais estiverem observando, ou será que a orientação dos pais será entendida como boa e se tornará parte deles? Os filhos vão querer viver sob os pais e com os pais, ou vão querer ser os pais? A direção dos pais se torna um teste de amor, fidelidade e sabedoria.

Enfrentamos esse teste em todas as nossas relações íntimas. Será que eu amo realmente a outra pessoa? Amo realmente, ou amo porque a bondade me dá o que eu quero? Eu amo e protejo o relacionamento, mesmo quando a outra pessoa não está presente?

Mas no jardim, por que o Senhor usou esse teste em particular? Qualquer árvore, menos essa. O teste, é claro, foi perfeito. Que isso não faz muito sentido para nós é exatamente o ponto. Se obedecermos a tais testes porque os entendemos — e por concordarmos com a racionalidade de Deus —, podemos estar confiando em nossa própria compreensão. "Isso faz sentido para mim. Concordo que fazer isso é do meu melhor interesse. Está bem. Não o farei porque isso tornará minha vida mais difícil". Nesse tipo de obediência, Deus funciona como uma espécie de conselheiro; a decisão final é nossa própria. Muito melhor é a oportunidade de saber claramente o que Deus diz e segui-lo, mesmo quando não entendemos completamente suas razões.

Considere como isso se aplica ao nosso comportamento sexual. Sexo não é assassinato, nós raciocinamos. Entendemos que não devemos matar pessoas, mas o sexo consensual não machuca ninguém; portanto, nessa questão, confiaremos em nós mesmos e não no Senhor. Nisso perpetuamos nossa própria versão da história original do jardim e perdemos o discernimento, o que significa que perdemos um pedaço significativo da nossa humanidade e perdemos nossa proximidade sacerdotal.

Nossas decisões morais diárias são críticas. O discernimento moral, quando aperfeiçoado e praticado, nos move na direção de nossa plena humanidade. Ele aponta o caminho para a vida que é adequada ao nosso projeto criado. A obediência, de fato, é uma coisa boa. "Porque este é o amor de Deus: que guardemos os seus mandamentos; ora, os seus mandamentos não são penosos" (1Jo 5.3). Tudo isso faz parte da história sacerdotal, porque os sacerdotes são os zeladores das distinções entre o certo e o errado.

Ser humano — sacerdote de Deus — é discernir o que é melhor e o que é mortal.

Ser humano é agir com base nesse discernimento e obedecer. Isso exige confiança no que Deus diz e humildade para colocar as palavras dele acima da nossa própria compreensão e dos nossos próprios desejos. Exige amor fiel.

Ser humano é ensinar e encorajar os outros no discernimento deles.

REFLEXÃO

1. Você consegue enxergar como o discernimento moral está embutido em nossa humanidade? Isso significa que a sabedoria e o discernimento não estão apenas certos; eles são bons. Admiramos aqueles que mantêm a ira sob controle, que são fiéis à sua palavra mesmo quando ela é inconveniente, que falam honestamente e que amam. Você consegue enxergar como a obediência é boa e se destina a servir ao propósito maior de estar mais perto do Senhor?

2. Como você espera crescer em discernimento? Embora em alguns assuntos a forma de agir seja clara, como, por exemplo, matar nosso vizinho ou mostrar bondade; em outros, a forma de agir não o é. A ira, por exemplo, quase sempre parece certa, mas quase sempre está errada. Ou, com que frequência você entra na internet e visita sites que você defende como páginas que estão dentro dos limites, mas que são claramente inúteis?

5

UM INTRUSO

A serpente não é identificada pelo nome nas primeiras histórias da Escritura, mas sabemos quem ela é: Satanás, o acusador, o maligno. Aparentemente, nosso mundo nunca foi completamente seguro. Sempre houve um caos no mundo que exige esforço para subjugar. A vida cotidiana não foi destinada ao nosso relaxamento e entretenimento.

Como é revelador que Satanás tenha tomado a forma de um animal sem um nome pessoal! Nessa época, Satanás havia viajado uma grande distância, de um alto escalão entre outros seres espirituais criados, até alguém que é quase uma coisa. Embora tivesse uma certa quantidade de poder, seu *status* veio a ser ocupar uma posição entre as criaturas subumanas.

Talvez Adão tenha escorregado antes mesmo de sua conversa com a serpente começar, permitindo que ela entrasse em um lugar sagrado. Seu trabalho era manter a guarda, e isso parece ser uma grave violação. Mas há outros lugares nas Escrituras onde Satanás tem certo acesso à sala do trono de Deus. Em Jó, lemos: "Num dia em que os filhos de Deus vieram apresentar-se perante o Senhor, veio também Satanás entre eles" (Jó 1.6). Satanás usa os tempos na corte celestial para acusar a humanidade e questionar os caminhos de Deus. Isso aconteceu em Jó e novamente em uma visão dada a Zacarias, quando Satanás veio preparado para acusar Josué, um sumo sacerdote. Em nenhuma dessas visitas a corte celestial se surpreendeu, e não houve tentativas de expulsá-lo.

A Satanás foi dado acesso ocasional aos recintos internos do domínio de Deus. Se ele estivesse fora da linha, poderia ouvir: "O Senhor te repreende" (Zc 3.2; veja também Jd 9), o que teria sido uma boa maneira de Adão manter a guarda. No entanto, a serpente encontrou no jardim um casal espiritualmente sonolento. Quando você tem um inimigo sorrateiro, quer conhecer seus hábitos e movimentos característicos, mas Adão e Eva estavam mal preparados.

> [A serpente] disse à mulher: É assim que Deus disse:
> Não comereis de toda árvore do jardim? (Gn 3.1)

A primeira estratégia de Satanás foi a de deixar implícito que Deus não é bom. A serpente exagerou maciçamente a proibição original como uma forma de atrair o menor movimento na posição do humano.

"Seus pais são tão rígidos!" Uma estudante de quinze anos havia acabado de mencionar a seus amigos algo sobre as restrições às mídias sociais em sua casa, e essa foi uma das reações deles. "Parece que sua mãe comanda uma prisão. Eu não conseguiria viver lá".

"Bem, eu acho que minha mãe é um pouco rígida".

Sua mãe tinha discutido as restrições com ela, e as duas tinham até decidido juntas sobre uma política sábia, mas a reação de sua amiga levantou pequenas dúvidas sobre a bondade da mãe.

Satanás sugeriu a Adão e Eva que Deus coloca uma cerca ao seu redor para privá-los de todas as coisas boas e que ele insiste em um estilo de vida ascético que se baseia na abnegação de si mesmo. Em outras palavras, "Nenhuma diversão" é a placa que está sobre o jardim.

Suas palavras se instalaram.

> Respondeu-lhe a mulher: Do fruto das árvores do jardim podemos comer, mas do fruto da árvore que está no meio do jardim, disse Deus: Dele não comereis, nem tocareis nele, para que não morrais. (Gn 3.2-3)

A mulher corrigiu a mentira. Até o momento, tudo bem. Mas ela acrescentou, "...nem tocareis nele". Aí está. A mentira extrema e gritante da serpente a persuadiu a exagerar suavemente o comando de Deus e a questionar sua bondade. Sua resposta, essencialmente, foi: "Deus não é mau. Ele é apenas um pouco mesquinho, um pouco exigente". O curso tinha sido definido. O discernimento estava se desvanecendo rapidamente, então ela estava vulnerável à próxima estratégia da serpente: sugerir que o pecado não é mau. Quando você dobra as regras, sugeriu a serpente, pode se elevar a novos reinos de prazer e perspicácia.

> Então, a serpente disse à mulher: É certo que não morrereis. Porque Deus sabe que no dia em que dele comerdes se vos abrirão os olhos e, como Deus, sereis conhecedores do bem e do mal. (Gn 3.4-5)

Suas palavras, mais uma vez, deixaram marcas. A árvore chamou a atenção de Eva de uma nova maneira. A mulher viu que "a árvore era boa para se comer, agradável aos olhos e árvore desejável para dar entendimento" (3.6). Antes que os sacerdotes pudessem proteger a santidade do templo do jardim, eles primeiro tinham que aprender a proteger seus próprios corações.

O objetivo da serpente é que a humanidade seja refeita à sua imagem e que a imite. A dupla estratégia da serpente continua sendo sua arma mais proeminente e eficaz. Cada teste espiritual fracassado pode ser rastreado ao nosso acordo tácito com ela e a essas duas mentiras. "Vá em frente", diz ela, "você vai gostar; descanse em seu próprio entendimento. Olhe para as evidências. Deus não é tão bom assim, o pecado não é tão ruim assim. Dito sem rodeios, Deus não é bom; o pecado é bom".

Apesar de conhecermos essa estratégia, continuamos vulneráveis. Com Adão e Eva, tudo o que foi preciso foi uma breve reavaliação da árvore. Ela não parecia perigosa. Parecia até atraente. Nossa própria tentação pode coincidir com o desânimo, as dificuldades ou o desespero. De repente, o discernimento que tínhamos ontem se dissolve em um desejo de nos livrarmos dos maus sentimentos que temos hoje, e o que antes estava errado agora parece ser o remédio perfeito.

E a serpente ainda não acabou. Quando o seguirmos em desobediência, Satanás acrescentará uma estratégia final: "Você agora é irremediavelmente mau, e Deus nunca poderia perdoá-lo ou amá-lo". Essa é uma variação sobre seu tema de que Deus não é bom, mas que tem uma mordida a mais. A vergonha substitui a comunhão e a amizade, e tudo é injetado com a desesperança. Somos enganados para pensarmos que nunca poderemos recuperar o que foi perdido.

REFLEXÃO

1. De fato, estamos além da nossa alçada. Não podemos permanecer sozinhos diante de tais estratégias de batalha. Portanto, fazemos um treinamento. Examinamos nossos corações. "Examinai-vos a vós mesmos", escreve o apóstolo Paulo (2Co 13.5). Quando você está mais suscetível às mentiras de Satanás?

2. A bondade de Deus é nossa defesa crucial. Para o primeiro casal, a bondade de Deus é aparente nas caminhadas que eles faziam juntos, na generosa provisão no jardim e no privilégio da parceria com Deus na missão que ele tinha para o mundo. Para nós, a bondade de Deus é personificada em Jesus e em seu amor derramado até a morte na cruz. De que forma você está preparado para falar da bondade de Deus quando a tentação aparecer?

6

DISCERNIMENTO PERDIDO

> Então, disse o S ENHOR Deus: Eis que o homem se tornou como um de nós, conhecedor do bem e do mal; assim, que não estenda a mão, e tome também da árvore da vida, e coma, e viva eternamente.
>
> *Gênesis 3.22*

A humanidade sofreu uma grave perda de *status*. É o que acontece quando você segue um animal: você se torna como aquele a quem segue. Você perde parte de sua humanidade. Gênesis 3.22, entretanto, sugere que ganhamos "conhecimento do bem e do mal" e nos tornamos mais como Deus. Talvez isso signifique que a humanidade tenha *experimentado* o bem e depois o mal, mas isso certamente não nos torna como o Senhor.

Considere outra interpretação de Gênesis 3.22: "Eis que o homem era como nós em conhecer o bem e o mal".[9]

---

[9] Douglas Green, anteriormente do Seminário Teológico de Westminster e hoje no Seminário Teológico de Queensland, é quem primeiro me propôs essa leitura alternativa.

A linguagem original permite essa interpretação, que se enquadra em tudo o que vem a seguir. Um dia, o homem discerniu o bem do mal — tudo era dele, exceto aquela única árvore. Isso estava claro. Mas então as distinções se tornaram lamacentas, porque o desejo, em vez de um discernimento cuidadoso, começou a dominar o homem.

Considere o sexo novamente. Podemos acreditar que a prática sexual antes do casamento é claramente errada, até nos sentirmos atraídos por alguém. Então, nosso discernimento se torna confuso, e o que antes era proibido passa a parecer bom. Para sermos sacerdotes em pleno funcionamento, precisamos de um discernimento moral e firme. Perdê-lo é tornar-se menos nobre e honrado. É tornar-se menos humano. No entanto, o Senhor determinou que nada interferirá em seu chamado sacerdotal para as nossas vidas; portanto, ele o fará. Ele nos colocará em um curso de sabedoria e discernimento que culminará com o derramamento do Espírito de sabedoria sobre todos nós. Essa sabedoria e esse discernimento serão essenciais para nossa proximidade com Deus, que é o nosso destino.

Tracemos essa história de discernimento. Moisés chamou as pessoas a serem a nova humanidade que discerne o certo do errado e que seguia o Senhor:

> Eis que vos tenho ensinado estatutos e juízos, como me mandou o Senhor, meu Deus, para que assim façais no meio da terra que passais a possuir. Guardai-os, pois, e

cumpri-os, porque isto será a vossa sabedoria e o vosso entendimento perante os olhos dos povos. (Dt 4.5-6)

O chamado de Moisés foi largamente ignorado, mas o Senhor não havia acabado. Mais tarde, Salomão deu esperanças de que a humanidade iria florescer como sacerdotes reais, quando ele pediu por sabedoria para discernir:

> Dá, pois, ao teu servo coração compreensivo para julgar a teu povo, para que prudentemente discirna entre o bem e o mal; pois quem poderia julgar a este grande povo? Estas palavras agradaram ao Senhor, por haver Salomão pedido tal coisa. (1Re 3.9-10; veja também 2Sm 14.17)

Mas isso não durou muito, pois ídolos logo inundaram a terra:

> Ai dos que ao mal chamam bem
>   e ao bem, mal;
> que fazem da escuridade luz
>   e da luz, escuridade. (Is 5.20)

> Deveras, o meu povo está louco,
>   já não me conhece;
> São filhos néscios
>   e não inteligentes;
> São sábios para o mal
>   e não sabem fazer o bem. (Jr 4.22)

Por isso o Senhor determinou fazer mais. Ele enviaria seu Filho, e o Filho poderia enviar o Espírito.

> Porque esta é a aliança que firmarei com a casa de Israel, depois daqueles dias, diz o SENHOR: Na mente, lhes imprimirei as minhas leis, também no coração lhas inscreverei. (Jr 31.33)

Depois disso, a maturidade — sermos os sacerdotes reais que ele planejou que fôssemos — estava ao alcance:

> Mas o alimento sólido é para os adultos, para aqueles que, pela prática, têm as suas faculdades exercitadas para discernir não somente o bem, mas também o mal. (Hb 5.14)

A obediência a Cristo não é um fardo a ser carregado. Ao contrário, ela aponta o caminho para sermos verdadeiramente humanos — uma consciência livre, uma proximidade desimpedida com ele e o prazer da hospitalidade e da proteção dele.

REFLEXÃO

1. Quando você lê "verdadeiramente humano", isso significa que você está colocado em uma direção que se adapta a quem você é. A sabedoria e o discernimento, em outras palavras, melhoram a vida em vez de restringi-la. Você é capaz de dar algumas ilustrações que apoiam essa realidade?

2. Considere como a sabedoria e o discernimento melhoram os relacionamentos humanos. A obediência e a intimidade caminham juntas. Quando falamos a verdade um ao outro em vez de mentiras, benção em vez de maldição, ou quando guardamos nosso relacionamento em vez de satisfazer desejos que causariam dor, ficamos mais próximos uns dos outros. Como você pode abençoar um de seus relacionamentos com um discernimento mais maduro? Se você não tem nenhuma ideia imediata de como abençoar um de seus relacionamentos, considere uma confissão de sua fraqueza em amar bem e o seu desejo de crescer em um amor sábio.

7

A VIDA FORA DO SANTÍSSIMO LUGAR

A morte havia começado sua marcha insidiosa e era muito mais difundida do que a mera morte física. A distância autoimposta no relacionamento de Adão e Eva com Deus estendeu-se às brechas no relacionamento deles um com o outro. À medida que a morte se insinuava nos relacionamentos, a humanidade se tornava cega aos erros pessoais e magnificava os erros dos outros.

> Perguntou-lhe Deus: Quem te fez saber que estavas nu? Comeste da árvore de que te ordenei que não comesses? Então, disse o homem: A mulher que me deste por esposa, ela me deu da árvore, e eu comi. Disse o Senhor Deus à mulher: Que é isso que fizeste? Respondeu a mulher: A serpente me enganou, e eu comi.
> (Gn 3.11-13)

Essa é a *nossa* história.

Minha esposa e eu estávamos um pouco atrasados para a igreja. Como havíamos tido alguns conflitos sobre isso no passado, eu estava empenhado em não culpá-la, pois isso nunca dava certo. Quando chegamos à igreja, eu tinha um pensamento: não a culpe. Então, outro casal se aproximou de nós; o marido me provocou por ter chegado um pouco tarde, e eu disse: "Sheri às vezes calcula mal quanto tempo leva para se arrumar". Eu estava pensando em uma coisa, mas as palavras que saíam de minha boca — de forma robótica, automática — eram muito diferentes. A única coisa boa foi que me senti horrível, nitidamente menos que humano e envergonhado. Pelo menos eu retive uma centelha de vida, porque estava ciente de que tinha acabado de explorar a morte e suas formas de rasgar os relacionamentos.

Apontar e acusar — fazemos isso o tempo todo. Nós até mesmo jogamos a carta "a mulher que me deste" e culpamos o próprio Deus. Ao longo disso tudo, podemos pensar que somos esclarecidos ao fiscalizarmos o culpado com uma postura de julgamento farisaico (Pv 14.12). Olhe com mais atenção e a síndrome é, de fato, *esconder*, apontar e acusar: "Não olhe para mim. Olhe para *aquela* pessoa". As acusações começam a voar quando queremos cobrir certos comportamentos. Por isso, quando você culpa, considere o que você está tentando esconder.

No início, a humanidade estava ligada a Deus e à sua beleza. Roupas eram menos críticas quando estávamos cercados pela majestade do Senhor e quando compartilhávamos dela.

Mas, uma vez que partimos por conta própria, a indignidade invadiu tudo e foi vivenciada como nudez e exposição, o que é intolerável. A investidura real se tornou um sonho quase esquecido.

Em resposta, "Fez o Senhor Deus vestimenta de peles para Adão e sua mulher e os vestiu" (Gn 3.21). Isso é frequentemente visto como evidência do primeiro sacrifício pelo perdão dos pecados — e pode muito bem ter sido —, mas é mais do que isso. Entre nossas muitas incapacidades espirituais está o fato de que nós nos esquecemos da realidade muito rapidamente. Como forma de dar um empurrão em uma memória enfadonha, o Senhor revestiu a humanidade com peles de animais. Para o antigo hebreu, a mensagem era clara: se você seguir um animal, parecerá um animal; se você abandonar o caminho da vida, vestirá a morte.

Entre os tabus em Israel estava o contato com um cadáver (p. ex., Lv 11.24). Tal contato trazia impureza e vergonha, e a pessoa contaminada era separada da comunidade até que um sacerdote oferecesse uma limpeza. Ser enfeitado com um animal morto não era motivo para vangloriar-se. Era uma declaração de necessidade espiritual. O homem trouxe ruína à beleza e convidou a morte para dentro da comunidade.

A humanidade recebeu o que pediu. Buscamos independência e vida para além das palavras e da proteção de Deus, e recebemos independência e separação. O trabalho de guardar e manter o jardim interior foi deixado aos cuidados de Deus: "E, expulso o homem, [Deus] colocou querubins ao oriente do jardim do Éden e o refulgir de uma espada que se revolvia, para guardar o caminho da árvore da vida" (Gn 3.24).

Se lermos nas entrelinhas do que se segue imediatamente, a primeira família não viajou muito longe do Éden. Eles sabiam que a vida não poderia prosperar à parte do Senhor, por isso ficaram por perto. Ainda mais, eles haviam aprendido de alguma forma que um substituto poderia ficar em seu lugar; então, com alguma direção divina, eles estabeleceram um sistema sacrificial pelo qual poderiam se aproximar de Deus: o sangue de um animal pelo sangue da humanidade. Isso se tornou uma visão-chave para os sacerdotes de Deus: o Senhor, de fato, aceitará substitutos em nosso lugar.

Esse sistema sacerdotal precoce era imperfeito. Todos sabem que um animal não pode suportar a culpa e a vergonha da humanidade. O sistema nunca teve a intenção de descansar no mérito e na adequação do animal. Ao invés disso, ele estava baseado na misericórdia e na graça perdoadora de Deus e na esperança de que ele consertasse as coisas.

Enquanto isso, o instinto da humanidade de apontar para os outros e culpá-los atingiu sua trágica realização quando Abel assassinou seu irmão. A culpa é uma forma de julgamento: "Eu estou certo; você está errado". É uma espécie de maldição: "Que você seja amaldiçoado [e não eu]". Queremos o melhor para nós mesmos e que a punição recaia sobre outra pessoa. O assassinato era inevitável.

O assassino, Caim, foi mais longe em Node, ao leste do Éden. Ele deixou a presença do Senhor e era um fugitivo, não um sacerdote que reivindicava a terra para Deus. O mapa da terra estava mudando (Figura 3). A humanidade estava mais longe do recinto interior de Deus. No entanto, nada havia mudado. Deus nos criou para sermos um sacerdócio e para vivermos no lugar de encontro entre o céu e a terra, e ele o faria.

Figura 3: Longe da Presença de Deus (Gn 3.21-23)

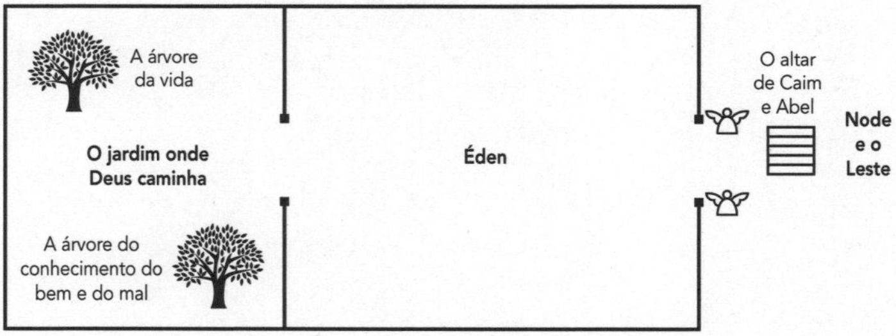

```
┌─────────────────────────────────────┐
│  🌳 A árvore                O altar │
│     da vida                 de Caim │
│                             e Abel  │
│   O jardim onde    Éden      ♛   Node
│   Deus caminha                    e o
│                              ♛   Leste
│   A árvore do                       │
│   conhecimento do  🌳               │
│   bem e do mal                      │
└─────────────────────────────────────┘
```

REFLEXÃO

1. Espere que apontar e culpar seja algo quase natural. Quando nos dirigimos ao Novo Testamento, vemos Jesus lidar com isso de uma maneira especialmente vívida:

> Por que vês tu o argueiro no olho de teu irmão, porém não reparas na trave que está no teu próprio? Ou como dirás a teu irmão: Deixa-me tirar o argueiro do teu olho, quando tens a trave no teu? Hipócrita! Tira primeiro a trave do teu olho e, então, verás claramente para tirar o argueiro do olho de teu irmão. (Mt 7.3-5)

Você nota alguma trave recente no seu olho? Consegue enxergar a forma como essas traves estão a apenas um pequeno passo do homicídio?

2. Uma lei está em ação aqui: o que acontece em seu relacionamento com Deus será expresso em seu relacionamento com as pessoas. Quando se afasta de Deus, você se voltará contra outras pessoas. Se você quebra a comunhão com Deus, pode esperar um relacionamento quebrado com os que são próximos a você. Como funciona essa lei em sua própria vida?

ISRAEL

Santo
Tabernáculo
Altares
Sacrifícios
Sangue
PRÓXIMO
PERTO
PRESENÇA
Vestido
Refeições
Abençoado
Limpo

SANTUÁRIOS E ESCADAS

A história sacerdotal reúne mais detalhes após a catástrofe do Éden. Fique de olho em qualquer momento em que Deus estiver próximo.

Altares. Os altares marcam o lugar onde o céu veio à terra.

A voz de Deus e as visões celestiais. Quando Deus fala, ele está presente, e a resposta natural é construir um altar ou um monumento.

Bênçãos e promessas. Ambas são evidências de vida em nosso meio. Elas vêm porque Deus nos busca. Quando ele nos abençoa, nós, subsequentemente, passamos essa bênção a outros, e um trabalho sacerdotal estimado é pronunciar bênçãos.

Santo. A palavra *santo* está carregada de significado. Em nosso uso comum, ela identifica pessoas que são especialmente obedientes e sinceras em sua devoção ao Senhor, o que sugere tratar-se de um grupo pequeno. Na verdade, porém, a palavra *santo* identifica pessoas, lugares, dias especiais e objetos que Deus trouxe para perto de si mesmo.

Sacerdotes. Os sacerdotes oficiais começam a povoar a história. Melquisedeque aparece de repente e, de repente, desaparece. Outros passam por canais mais comuns e são ordenados para sua missão.

Jó. Jó surge como um de nossos antepassados sacerdotais. Depois que seus filhos se reúnem para uma celebração, "chamava Jó a seus filhos e os santificava; levantava-se de madrugada e oferecia holocaustos segundo o número de todos eles" (Jó 1.5). A consagração é uma forma de purificação e santidade, e as ofertas nos altares eram a forma prescrita para fazer tais coisas. Jó era, antes de tudo, um sacerdote.

Abraão. Abraão ouviu a palavra do Senhor. Ele foi abençoado e fecundo, capacitado para viver a missão sacerdotal original de abençoar a terra. Sua missão começou com a terra que foi separada para ele, seu local de encenação. A partir daí, grandes coisas aconteceram. Em resposta, ele fez o que os sacerdotes fazem: "edificou um altar ao Senhor e invocou o nome do Senhor" (Gn 12.8). Por meio desse sacrifício, Abraão e seu povo foram purificados e tornados ocupantes adequados para a terra, e a própria terra foi limpa e preparada para que Deus habitasse nela com seu povo.

Melquisedeque. Melquisedeque apareceu (Gn 14). Enquanto seguimos a história de Abraão e olhamos adiante para a linha araônica de sacerdotes que eram descendentes de Abraão, descobrimos que havia uma linha ainda maior. Melquisedeque era "sacerdote do Deus Altíssimo" (v. 18), e sua reputação o precedia; Abraão lhe deu um décimo de tudo o que tinha. Como sacerdote de Deus, Melquisedeque compartilhava do *status* do próprio Deus, o que significa que ele era Jesus. As idas e vindas de Melquisedeque foram breves, mas a terra foi unida ao céu em Melquisedeque, que fez visitas em nome do Deus trino. Fora isso, esse sacerdote é o que poderíamos esperar. Ele teve comunhão com as pessoas por meio de uma refeição de pão e vinho; então, as abençoou.

No entanto, podemos ter o seguinte em mente: Melquisedeque encontrou o homem em um campo de batalha, depois que Abraão havia derrotado alguns governantes locais que tomaram algumas de suas posses. Encontramos sacerdotes nos campos de batalha novamente quando eles levam Israel à vitória sobre Jericó (Js 6). Nós também somos sacerdotes em um campo de batalha, embora seja contra Satanás, o inimigo de todos os inimigos, e seu domínio (Ef 6.10-18). Nossa estratégia é lutar no Espírito e tomar uma posição, insistindo que nos submetamos a Deus e aos seus caminhos (p. ex., Tg 4.7).

Jacó. Melquisedeque foi claramente identificado como um sacerdote. Não podemos perdê-lo de vista. Podemos, no entanto, perder Jacó e seu sonho com uma escada. O neto de Abraão, Jacó, estava fugindo de um irmão furioso e em uma viagem para encontrar uma esposa. Enquanto estava longe de casa, ele se estabeleceu para passar uma noite de descanso, e o Senhor lhe deu um sonho:

> E sonhou: Eis posta na terra uma escada cujo topo atingia o céu; e os anjos de Deus subiam e desciam por ela. Perto dele estava o Senhor e lhe disse: Eu sou o Senhor, Deus de Abraão, teu pai, e Deus de Isaque.

> A terra em que agora estás deitado, eu ta darei, a ti e à tua descendência. (Gn 28.12-13)

Jacó identificou o sonho com precisão: "Despertado Jacó do seu sono, disse: 'Na verdade, o Senhor está neste lugar, e eu não o sabia'. E, temendo, disse: 'Quão temível é este lugar! É a Casa de Deus, a porta dos céus'" (Gn 28.16-17).

Deus está no céu, nós estamos na terra, mas há momentos em que céu e terra se encontram. Há uma escada que une os dois. O Senhor está acima dela, e seus emissários se movem facilmente entre os dois reinos. O céu está mais próximo da terra do que pensávamos.

Em resposta, "[Jacó] tomou a pedra que havia posto por travesseiro e a erigiu em coluna, sobre cujo topo entornou azeite. E ao lugar, cidade que outrora se chamava Luz, deu o nome de Betel" (Gn 28.18-19). Era apenas uma pedra ou duas, mas é assim que os templos começam. Esse templo era a casa de Deus, e a partir dele estava uma escada que atravessava o próprio céu.

O drama estava se formando. Os sinais estavam em todo lugar. Quando o véu do céu é puxado por um momento, assim como foi com a escada, vemos que muita coisa está acontecendo. E Deus é resoluto: ele está fazendo um caminho para que seus sacerdotes reais estejam com ele. Deus nunca está longe.

REFLEXÃO

1. Considere novamente como Deus quer estar com você. O melhor dos relacionamentos humanos expressa essa

proximidade. As pessoas querem estar juntas. Nós nos amamos, mesmo quando somos imperfeitos. Você já viu ou experimentou essa verdade. Isso acontece porque a humanidade reflete um pouco da glória de Deus.

2. A vida sacerdotal estava amplamente disponível nesse ponto da história bíblica, mas ainda não encontramos ilustrações de mulheres atuando como representantes sacerdotais. As Escrituras indicam que maridos e pais representam esposas e filhas perante o Senhor e outros, sendo Abigail uma exceção óbvia (1Sm 25). A tarefa representativa dos homens foi dada mais tarde somente a Jesus, que nos representou a todos, e a partir daí a vocação sacerdotal foi redistribuída. Ninguém é deixado para trás nesse chamado. Portanto, mesmo que, nesse ponto da história bíblica, os refinamentos e os acréscimos ainda estivessem para vir à identidade sacerdotal, você pode começar agora mesmo a imaginar que forma isso toma em sua própria vida.

JACÓ

Ao seguir nossa linha sacerdotal, Jacó se destaca duas vezes. A primeira é quando ele saiu de casa tanto para escapar da raiva de seu irmão quanto para procurar uma esposa adequada. Foi aí que ele teve o sonho da escada para o céu. A segunda vez é quando ele deixou seu sogro Labão, sua família a cargo de seu tio, e se preparou para uma reunião com seu irmão Esaú e a milícia considerável que o acompanhava. Jacó estava esperando o pior. Foi quando Deus desceu para a noite e Jacó lutou com Deus.

O evento não tem paralelo na Escritura, portanto é de difícil compreensão.[10] Mas sabemos disto: sacerdotes são aqueles trazidos para perto de Deus, e Jacó esteve muito perto:

---

10 Êxodo 4.24–26 tem similaridades com essa passagem. O Senhor "encontrou" Moisés e estava para matá-lo, mais provavelmente porque sua família não tinha sido separada ao Senhor por meio da circuncisão. O apóstolo Paulo teve duas vezes semelhantes em sua própria vida. Ele experimentou certa luta com Deus antes de sua conversão (At 26.14) e lutou em oração em meio a aflições (2Co 12.6-10).

[Jacó ficou] só; e lutava com ele um homem, até ao romper do dia. Vendo este que não podia com ele, tocou-lhe na articulação da coxa; deslocou-se a junta da coxa de Jacó, na luta com o homem. Disse este: Deixa-me ir, pois já rompeu o dia. Respondeu Jacó: Não te deixarei ir se me não abençoares. Perguntou-lhe, pois: Como te chamas? Ele respondeu: Jacó. Então, disse: Já não te chamarás Jacó, e sim Israel, pois como príncipe lutaste com Deus e com os homens e prevaleceste. Tornou Jacó: Dize, rogo-te, como te chamas? Respondeu ele: Por que perguntas pelo meu nome? E o abençoou ali. Àquele lugar chamou Jacó Peniel, pois disse: Vi a Deus face a face, e a minha vida foi salva. (Gn 32.24-30)

Antes desse evento, a escada de ida e volta para o céu havia sido bastante ativa. Anjos tinham vindo a Jacó após o difícil encontro com Labão, e Jacó tinha acabado de fazer sua primeira oração de que se tem registro, que era linda — palavras da terra para o céu (Gn 32.9-12). Essa oração foi marcada pela humildade e pelo louvor a Deus, e não pelo estilo normal de trapaceiro de Jacó. As peças críticas dessa história continuam.

Jacó estava sozinho, e estava escuro. Isso já é assustador, mas o perigo iminente para sua família representado por Esaú torna esse momento um divisor de águas para Jacó. Será que ele e sua família sobreviveriam nas próximas vinte e quatro horas?

Deus o encontrou. Deus responde aos nossos medos. Ao longo da Escritura, o Senhor assegurou a seu povo sua presença em tempos precários. Nessa história, Jacó compreendeu que Deus estava no céu, o qual estava perto o suficiente para ser visto. Ele também sabia que Deus se aproxima ainda mais em sonhos e visitas à terra. No entanto, ninguém poderia ter previsto que Deus chegaria tão perto.

Deus se esvaziou de forças. Foi o próprio Jesus que veio a Jacó, e nós temos um vislumbre de como Jesus mais tarde se esvaziaria de poder, tudo para nosso benefício. Caso contrário, um encontro próximo com ele seria devastador para os seres humanos.

Deus revelou sua força suavemente. A noite de luta não foi suficiente para abrir os olhos de Jacó para o Senhor, mas ele enxergou claramente após o breve toque que feriu permanentemente seu quadril. Deus e sua força foram revelados. Inesperado é o seguinte: a resposta típica a um encontro próximo com o Deus de poder é um certo tremor e um cair diante dele em uma postura que é parte adoração e parte apelo à misericórdia (p. ex., Lc 8.47). No entanto, Jacó continuou lutando e insistiu em uma bênção. Em outras palavras, aqueles que conhecem a Deus com exatidão sabem que ele está inclinado a estar perto, e estar perto é abençoar.

Deus o abençoou. Com Jacó ainda agarrado ao "homem", o Senhor o abençoou com um novo nome: Israel. "Enganador" — o significado de Jacó — *não o definiria mais. Ele tinha vivido pela sua inteligência, mas agora viveria como "prevalecedor com Deus".* Na verdade, ele se encontrou face a face com Deus, agarrado a ele, e recebeu o favor do Senhor. *A bênção foi a* mudança em seu nome.

Os sacerdotes tipicamente eram modelos de decoro quando se aproximavam de Deus. Houve, porém, momentos especialmente desesperadores durante os quais eles aprenderam que não podiam fazer a vida funcionar por meio de suas próprias astúcias. Naqueles momentos, o desespero os encorajava. Como o atrevido que chamava à meia-noite e que continuava pedindo pão a um vizinho até que este finalmente saiu da cama e lhe deu pão (Lc 11.5-8), temos a opção de nos agarrarmos ao Senhor ainda com mais força quando nos lembramos de seu poder e amor. Há mais de uma maneira de estar perto e de receber a bênção que ele promete.

REFLEXÃO

1. A história sacerdotal bíblica está apenas começando, e já descobrimos que o céu está bem próximo e a escada entre os dois está muito ocupada. A Escritura está dando a você olhos para ver. O que você está vendo?

2. Qual poderia ser sua própria versão de luta com Deus? Problemas mais desesperadores são uma ocasião para que o Senhor nos atraia.

10

MOISÉS

Jacó não precisava exibir suas credenciais sacerdotais porque o sacerdócio regulamentado ainda não existia. Mas quando chegamos a Moisés, ele já existia. Os sacerdotes de Deus foram condensados para incluir homens da tribo de Levi. Eles tinham que vir da linhagem certa da família, ter a idade certa e não ter nenhuma deficiência física óbvia. A história de Moisés, portanto, começa com ele sendo ligado ao terceiro filho de Jacó, Levi.

O que nos interessa é que os levitas trabalhavam nos recintos do tabernáculo, mas não podiam chegar tão perto do Santíssimo Lugar como os sacerdotes que descendiam de Arão. Moisés e Arão vieram de Levi, mas Moisés não veio de Arão. Como Moisés claramente chegou mais perto do Senhor — mais próximo do que qualquer sacerdote araônico —, ele é um pequeno lembrete de que pessoas não credenciadas como nós também podem se aproximar de Deus, e ele pode se aproximar de nós.

Sua história começa da seguinte maneira: "Foi-se um homem da casa de Levi e casou com uma descendente de Levi"

(Êx 2.1). Em outras palavras, esse casal teria um filho sacerdotal, e ele ficaria no intervalo entre o céu e a terra. Ele receberia palavras do Senhor para dar ao povo e ouviria as súplicas do povo para dar ao Senhor. Em Moisés, a verdadeira identidade da humanidade se tornaria mais vívida do que em qualquer outro antes de Jesus. A seguir, estão três episódios sacerdotais de sua vida.

1. *O encontro com Deus em um arbusto*. Enquanto vivia no deserto, estabelecido com uma família em crescimento, mas fugindo do Egito, Moisés conduzia o rebanho de ovelhas das quais cuidava até a base de Horebe, "o monte de Deus" (Êx 3.1).

> Apareceu-lhe o Anjo do Senhor numa chama de fogo, no meio de uma sarça; Moisés olhou, e eis que a sarça ardia no fogo e a sarça não se consumia. Então, disse consigo mesmo: Irei para lá e verei essa grande maravilha; por que a sarça não se queima? Vendo o Senhor que ele se voltava para ver, Deus, do meio da sarça, o chamou e disse: Moisés! Moisés! Ele respondeu: Eis-me aqui! Deus continuou: Não te chegues para cá; tira as sandálias dos pés, porque o lugar em que estás é terra santa. (Êx 3.2-5)

Aqui era um Santíssimo Lugar móvel. Onde quer que Deus esteja, há uma terra santa. Com Moisés, Deus veio à terra e apareceu em uma chama de fogo, mas o arbusto não foi consumido. Em outras palavras, o fogo consumidor, com o qual não se deve brincar, é também a vida que suavemente limpa e purifica, e ele nos convida a nos aproximar.

Sem dúvida, Moisés precisava de uma limpeza para estar seguro na presença de Deus. Nessa visita, a limpeza foi simbolizada pela remoção das sandálias. Os pés, especialmente os pés sujos, eram um ponto focal nessa cultura. Era vergonhoso entrar na casa de alguém com sandálias ainda calçadas. A sujeira era para ser deixada à porta. Mais tarde, e mais profundamente, o Senhor lavou nossa imundícia para que pudéssemos estar com ele sem nenhuma vergonha.

O Senhor e Moisés tiveram uma conversa.

Primeiro, o Senhor falou.

Então Moisés falou.

Então o Senhor falou.

Então Moisés falou (Êx 3.4-4.17).

Esse é um sacerdote portador de imagem em grande demonstração. Somente nós somos semelhantes a Deus de tal forma que ele nos fala, nós ouvimos, nós falamos com ele, e ele nos ouve — um vai e vem. É isso que pode acontecer quando Deus se aproxima, e essa foi uma característica distinta da vida de Moisés.

2. *O encontro com Deus em um monte.* Quando Moisés conduziu o povo para fora do Egito, ele foi convidado novamente a falar com o Senhor. Dessa vez, o céu e a terra se encontraram no monte Sinai. Embora não haja menção de uma escada, a própria montanha era a escada. Moisés subiu e desceu a montanha várias vezes; primeiro sozinho, depois com Arão, depois com setenta dos anciãos. Quando os anciãos

foram convidados, eles tiveram um vislumbre do próprio céu. "E viram o Deus de Israel, sob cujos pés havia uma como pavimentação de pedra de safira, que se parecia com o céu na sua claridade" (Êx 24.10), e ali eles comeram e beberam com o Senhor. Mas havia a possibilidade de estar ainda mais perto.

Somente Moisés foi convidado a subir mais longe. Os anciãos parariam na versão inicial do Lugar Santo do tabernáculo. Moisés ascenderia ao Santíssimo Lugar. Ele subiria ao monte coberto de nuvens por seis dias. No sétimo dia, o Senhor falou com ele (Êx 24.16). A cena é inconfundível. A intenção de Deus de estar com seu povo foi expressa com seriedade. Moisés era o novo Adão. No sétimo dia, Adão havia caminhado com o Senhor, e essas caminhadas foram reconstituídas com Moisés.

Em sua subida final do monte, Moisés esteve com o Senhor por quarenta dias. Seja devido à mera quantidade de tempo que eles conversaram ou à presença mais completa do Senhor, Moisés foi obviamente transformado pela conferência deles. "Eis que resplandecia a pele do seu rosto" (Êx 34.30). Quando você é convidado a aproximar-se, torna-se mais brilhante e resplandecente, pois o Senhor é a luz.

3. *O encontro com Deus em uma pequena tenda*. Após essa subida final, o Senhor desceu ainda mais e veio a Moisés na tenda da congregação. Essa tenda estava armada fora do acampamento, a uma distância segura do povo. Ela era a precursora do primeiro tabernáculo, e a "tenda da congregação" foi usada algumas vezes como o nome mais pessoal para o tabernáculo.

Ali "falava o SENHOR a Moisés face a face, como qualquer fala a seu amigo" (Êx 33.11).

Moisés passou a expandir as tarefas e os privilégios sacerdotais.

Ele estabeleceu altares, e fez sacrifícios e holocaustos.

Ele guardou e protegeu o monte templo como uma forma de proteger o povo.

Ele foi firme sobre a santidade de Deus (Êx 32.21).

Ele levou o povo à guerra (Êx 17.8).

Ele ensinou e aplicou as palavras do Senhor ao povo (Lv 10.11; Dt 33.10).

Mas era a presença de Deus — a proximidade de Deus — que o identificava como um sacerdote ao Senhor.

REFLEXÃO

1. Moisés era uma figura muito singular, mas ele "não obt[eve], contudo, a concretização da promessa, por haver Deus provido coisa superior a nosso respeito" (Hb 11.39-40). De alguma forma, por causa de Cristo e porque o Espírito nos foi dado, você tem o que Moisés tinha, e muito mais. O que você tem que é melhor?

2. A troca entre Deus e Moisés na sarça ardente parece quase comum. É uma conversa antecipada que mais tarde foi identificada como amizade. Essa conversa simples com o próprio Deus é aquilo para o qual você foi criado. Como você espera crescer nessa amizade?

UMA NAÇÃO DE SACERDOTES

> Agora, se me obedecerem e cumprirem minha aliança, serão meu tesouro especial dentre todos os povos da terra, pois toda a terra me pertence. Serão meu reino de sacerdotes, minha nação santa.
>
> Êxodo 19.5-6; NVT

A linha sacerdotal do Antigo Testamento era demarcada e específica. O terceiro filho de Jacó por intermédio de Lia foi Levi (Gn 29.34), e a tribo de Levi foi responsável pelos cuidados do tabernáculo (Nm 1—3). A linhagem de Arão, um levita posterior, foi designada como o grupo para presidir o altar e as ofertas queimadas. Eram eles que podiam atravessar o véu do templo e entrar na presença de Deus (Nm 18.5-7). Qualquer outra pessoa que tentasse adentrar o véu morreria.

Assim, quando imaginamos os sacerdotes do Antigo Testamento, pensamos no sacerdócio araônico.

Isso parece deixar muitos de fora. Os sacerdotes representavam o povo, e embora o sumo sacerdote usasse símbolos do povo em suas vestes, o povo, em geral, não era sacerdote — e aqueles que eram do sexo feminino certamente não eram sacerdotes. Mas temos razões para pensar que a linha de sacerdotes iria se expandir.

Lembre-se de que Moisés era um sacerdote que presidia o altar, e ele era de Levi, mas não de Arão. Sua linhagem incluía sacerdotes que praticavam fora do templo de Jerusalém. Olhe Abiatar e aqueles ligados a ele como uma forma de rastrear esse grupo de sacerdotes.[11]

Samuel não era de Levi, mas era um sacerdote (1Sm 16.2). Os filhos do rei Davi não eram de Levi, mas eram sacerdotes (2Sm 8.18). E já não agia como sacerdote todo o povo quando cada família sacrificava um cordeiro de Páscoa, passava o sangue na porta e fazia uma refeição de comunhão com o Senhor (Êx 12.1-11)? Quando qualquer pessoa entrava em uma casa atravessando o sangue, ela desfrutava a proteção de Deus.

Não era o templo ou Levi que definiam o sacerdócio. A chave era a santidade, e a santidade — uma condição essencial para os sacerdotes que eram escolhidos por Deus, separados por ele e limpos — estaria disponível a todos (Lv 19.2; 20.7-8).

---

11 William R. Millar, *Priesthood in Ancient Israel* (St. Louis, MO: Chalice, 2001), 86.

O povo como sacerdote veio primeiro. O sacerdócio levítico não substituiu o povo como sacerdote. Ele simplesmente ofereceu uma versão mais concentrada da vida sacerdotal que eventualmente seria redistribuída a todo o povo.[12] Isso significa que *você* é um tesouro especial. De toda a criação, Deus determinou que aqueles cuja lealdade está nele são de grande valor, e quando você tem um tesouro, você o mantém próximo e nunca o deixa ir.

Você está no meio de um reino de sacerdotes. Homens, mulheres e crianças vestem vestes sacerdotais. Conforme o chamado original, vocês vão e servem como sacerdotes às nações que estão longe no presente momento.

Você é trazido a uma nação santa. Você não é santo porque é puro em si mesmo ou porque está mais perto da perfeição do que seu próximo. Somente Deus nos faz santos. A humildade e a gratidão, portanto, são a resposta natural de todos os sacerdotes.

> Porei o meu tabernáculo no meio de vós, e a minha alma não vos aborrecerá. Andarei entre vós e serei o vosso Deus, e vós sereis o meu povo. (Lv 26.11-12)

> Mas vós sereis chamados sacerdotes do Senhor, e vos chamarão ministros de nosso Deus. (Is 61.6)

---

12 John A. Davies, *A Royal Priesthood* (New York: T & T Clark, 2004). O livro de Davies argumenta a favor de um sacerdócio real coletivo.

REFLEXÃO

1. Nesse chamado sacerdotal, você ouve ecos de sua identidade como portador da imagem de Deus. Ele o eleva e o honra. Você é um tesouro especial. Você já está se sentindo elevado?

2. Mesmo que você ainda não se sinta honrado, existem aqui motivos suficientes para agradecer. Liste alguns deles.

SANTO

Quando seguimos os sacerdotes e a forma como Deus nos aproxima de si mesmo, *santo* é a palavra que você encontrará mais do que qualquer outra. Ela identifica dias, lugares, objetos e pessoas — todos singularmente separados *pelo* Senhor e *para* o Senhor. O Sábado é santo (Gn 2.3). A sarça ardente, onde Deus se encontrou pela primeira vez com Moisés, estava em terra santa (Êx 3.5). Arão foi separado dentre outros israelitas (1Cr 23.13). Os primogênitos foram separados (Êx 13.12).

No sistema de classificação de Deus, havia três categorias às quais tudo pertencia: santo, limpo e imundo. O limpo e o imundo algumas vezes se agrupavam como *o profano*.

> [Vocês devem fazer] diferença entre o santo e o profano e entre o imundo e o limpo. (Lv 10.10)

A Figura 4 ilustra como essas distinções acrescentam detalhes ao modelo do Éden e antecipa os detalhes adicionais do próximo tabernáculo. O santo era o reino dos sacerdotes que podiam chegar mais perto do Senhor. Os limpos eram as pessoas idôneas que podiam chegar às portas do tabernáculo. Os impuros eram as nações pagãs, assim como os israelitas que estavam contaminados por seus próprios comportamentos ou devido ao contato com algo impuro. Eles eram os que estavam mais afastados do recinto interior de Deus.

Figura 4: Levítico 10.10: Imundo, limpo e santo

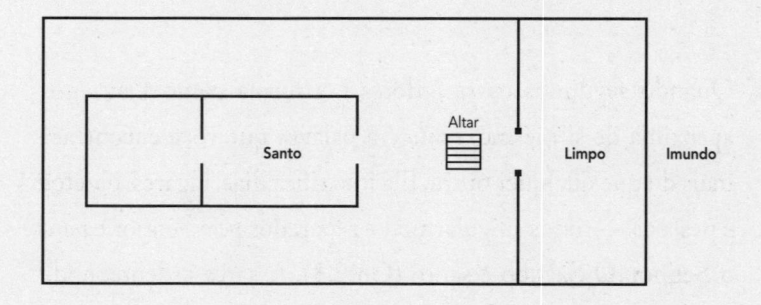

| Santo | Altar | Limpo | Imundo |

O universo sempre foi ordeiro. No início, o Senhor entrou no caos indiferenciado e fez distinção entre as águas, a terra e o céu. Esses são melhor mantidos separados. Quando se unem, coisas ruins acontecem, como as enchentes e os furacões. Imitamos o Deus da ordem quando fazemos distinção entre tipos incompatíveis. Trabalhamos para manter as ervas daninhas fora da grama e dos canteiros de flores. Fazemos diques e anteparas para manter os oceanos separados da terra. Colocamos certos animais e insetos fora de nossas casas pois, embora um cão ou um gato doméstico possa ser compatível com a vida dentro de casa, cobras, mosquitos, baratas e a maioria dos outros animais estão entre as coisas que vivem do lado de fora.

Quando essa característica do estilo de Deus foi incorporada à lei judaica, ela surgiu como semear um campo com um único tipo de semente ou usar uma peça de vestuário de apenas um tipo de material (Lv 19.19). Essas expressões incomuns de distinção e ordem eram uma ponte para a ordem mais profunda, na qual o povo de Deus deveria pertencer a ele e se separar do pecado. O pecado é um tipo estranho que não deve se misturar com aqueles que foram criados à imagem de Deus. Também a morte, companheira constante do pecado, é estranha ao Deus da vida, por isso não nos surpreende que as leis sacerdotais contivessem tabus contra qualquer coisa que estivesse ligada a ela. Lagostas e abutres eram impuros e proibidos — eles se alimentam de restos e estavam ligados à morte. Pessoas com doenças de pele eram imundas e tinham de ser colocadas em quarentena da comunidade até que fossem curadas. O mofo, a versão predial de uma doença de pele, tornava uma casa imunda. Se uma limpeza completa não funcionasse, a casa deveria ser derrubada.

Os limpos e os imundos. Limpeza é aquilo pelo qual as pessoas esperavam. Certamente não havia vergonha entre os limpos. Eles podiam andar livremente entre si. Eram livres para vir e adorar nos portões do templo e entrar no pátio. Eles estavam incluídos. Eles se sentiam normais, no melhor sentido da palavra, sem o pensamento incômodo de que havia algo de errado com eles. Mas algum tipo de poluição estava sempre por perto, sempre puxando-os em direção ao imundo, mais para longe do Senhor, mais para perto da morte. Isso vinha de seu próprio pecado, da desobediência de um membro da família, de uma doença ou do contato inadvertido com qualquer coisa imunda. Deixados a nós mesmos, todos nós deslizamos em direção à categoria do imundo.

Os imundos estavam mais longe de Deus e mais perto da morte. Eles eram excluídos da comunidade porque a impureza era uma espécie de contágio que infecta. A única esperança da pessoa imunda era que Deus fizesse algo para resgatá-la da impureza, e ele fez. Todo o sistema sacrifical tinha a intenção de apontar o caminho da morte para o doador da vida: ele mesmo. Os imundos eram purificados ou limpos. Contudo, ninguém podia presumir que uma vez limpo, estaria sempre limpo. A vigilância era a ordem do dia, os sacrifícios eram uma característica regular da vida diária e havia esperança de algo ainda melhor.

Os santos. Coisas santas estão associadas unicamente a Deus e separadas do resto da criação. As coisas santas estão próximas a ele. Elas são honrosas não por seu valor intrínseco ou por sua pureza. Ao contrário, são honrosas porque o Senhor as distingue e as aproxima de si mesmo.

No princípio, o Éden e a primeira família foram separados para o Senhor, mas Deus deixou o resto do mundo um pouco desorganizado, de forma que a humanidade pudesse subjugá-lo e gradualmente trazê-lo para dentro do domínio da santidade divina. Então os humanos se rebelaram e contaminaram o jardim, e foram mandados para mais longe. Deus continuou a reivindicar o que é dele. Os imundos foram tornados limpos, e os limpos foram tornados santos. Para se tornarem santos e serem trazidos de volta a Deus, as pessoas outrora distantes tinham que ser *consagradas* ou *santificadas* (Figura 5), termos técnicos que significam "tornadas santas". O sangue era uma parte inevitável do processo. Um sacerdote passava ou aspergia sangue de um animal sacrificado sobre o que quer que estivesse sendo separado, tal como uma casa ou uma pessoa. O sangue simbolizava a vida que cobria a morte, mas era necessário haver morte a fim de se beneficiar com aquela vida.

Figura 5: O Movimento entre o Imundo, o Limpo e o Santo

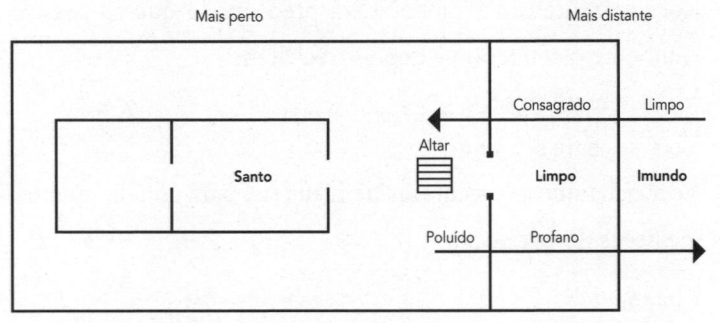

Mais perto		Mais distante
	Consagrado	Limpo
Santo	Altar — Limpo	Imundo
	Poluído — Profano	

O propósito da humanidade é aproximar-se de Deus como um povo santo.

Conforme isso era exposto no sacerdócio, as realidades da santidade eram trazidas diante das pessoas noite e dia. A mensagem era clara e persistente.

Deixados a cargo de nós mesmos, somos imundos.

O pecado e a morte (colega do pecado) são o nosso problema.

Deus criou uma forma de perdão de pecados por meio do sacrifício.

A missão dele é nos aproximar de si e dar vida.

Ele pega os imundos e os torna limpos.

Ele pega os limpos e os torna santos.

REFLEXÃO

Essa nomenclatura parece ser estranha à princípio. A seguir estão algumas questões e descrições que podem ser úteis.

Imundo

Você já se sentiu inútil e excluído?

Você tem pensamentos ou ações que deseja esconder?

Sua consciência condena você?

Você se sente uma fraude? Está preocupado que as pessoas realmente o conheçam e depois o rejeitem?

Você se sente sujo?

Você se sente sozinho?

Você acha que as promessas de Deus são para aqueles que são melhores do que você?

Limpo

Há momentos em que você está menos consciente de si mesmo e simplesmente desfruta o que está fazendo e com quem está fazendo?

Há momentos em que sua consciência não o incomoda? Se sim, isso não significa que você é puro, mas sim que não há nada que esteja tentando esconder e que não está vivendo com medo do julgamento.

Há momentos em que você acredita que as promessas de Deus são realmente para você?

Há momentos em que você acredita que está ligado ao Senhor por causa do amor e da misericórdia dele, e não por causa da sua própria bondade? As pessoas limpas sabem que precisam de uma limpeza diária.

Santo

Você está ciente de que você não é seu, mas que pertence ao Senhor (p. ex., 1Co 6.19-20)?

Quando você ora, alguma vez diz "meu Pai", ou simplesmente "Pai"? Isso é reservado para aqueles que acreditaram no Filho e estão confiantes de que têm um novo relacionamento com o Pai.

Você é capaz de dizer: "Jesus é o Senhor"? Se sim, isso é uma evidência do Espírito Santo trabalhando em você.

Você quer servir aos outros como foi servido e amar os outros como foi amado? Se sim, isso significa que você está sendo enviado da casa de Deus para o mundo.

Você já se sentiu humilde e grato por se lembrar de que Deus o conhece pelo nome desde a fundação do mundo e que ele o distinguiu por causa do compromisso dele de estar perto de você, e não por você ter agido de forma santa?

UMA REFEIÇÃO COM DEUS

Você sabe que Deus o aceitou quando ele o convida para uma refeição. Dentre os muitos enredos na história bíblica, fique de olho em Deus descendo, em pessoas subindo e em refeições. Essas situações desenvolvem e prolongam a história sacerdotal. Na Páscoa, Deus compartilhava uma refeição com famílias e amigos, embora sua presença não fosse visível. Em seguida, os anciãos de Israel ascenderam até ele e compartilharam uma refeição:

> E subiram Moisés, e Arão, e Nadabe, e Abiú, e setenta dos anciãos de Israel. E viram o Deus de Israel, sob cujos pés havia uma como pavimentação de pedra de safira, que se parecia com o céu na sua claridade. Ele não estendeu a mão sobre os escolhidos dos filhos de Israel; porém eles viram a Deus, e comeram, e beberam. (Êx 24.9-11)

Nessa época, Israel sabia que não podia fazer suas próprias regras para se aproximar do Senhor. Isso seria um grande risco. Deus era específico sobre como as pessoas poderiam chegar até ele, de modo que não poderia haver improvisação. Deus estava empenhado em se aproximar e fazer com que seu povo se aproximasse, e só havia uma maneira. Esses ensinamentos cruzados foram expressos tanto em claras barreiras entre o povo e Deus quanto em um convite para que os representantes de Israel se aproximassem.

E eles foram mais perto, no monte Sinai, a montanha de sua presença. Os anciãos não viram o Senhor em sua plenitude — os pés do Senhor foram mais do que suficientes —, mas certamente eles foram trazidos à casa de Deus. Lá, sob a proteção de Deus, eles o contemplaram e comeram. Eles desfrutaram a hospitalidade divina. Esses homens não saborearam almoços de lancheiras e vinho na montanha. Deus os convidou, preparou a comida e os recebeu (Figura 6).

Figura 6: Monte Sinai como a Casa de Deus (Êxodo 24)

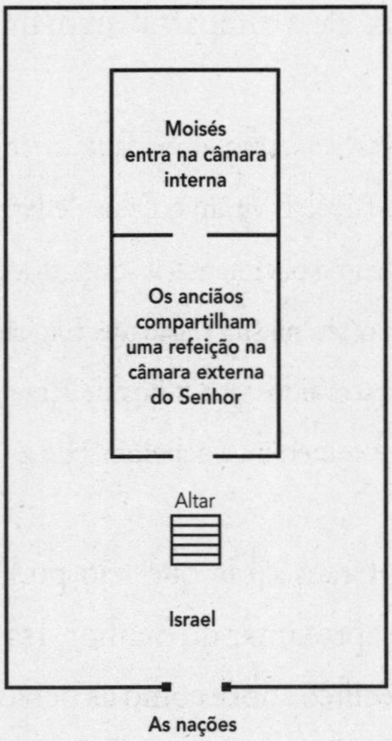

Uma refeição caseira continua sendo o padrão para a hospitalidade e a comunhão. Minha esposa e eu fomos convidados para uma refeição muito memorável. O convite havia saído de uma conversa casual em uma manhã de sábado e, quando chegamos naquela noite, o casal anfitrião havia preparado a comida o dia todo e parecia ter gostado do processo. Quando nos sentamos para comer, não havia distrações, apenas excelente comida, o melhor de amigos, boa conversa e uma consciência compartilhada de que a vida não poderia ser muito melhor do que aquilo.

"Venha, viva sob minha proteção, desfrute uma refeição comigo; para mim, é uma honra tratá-lo; vamos conversar". Essa é a essência da Mesa do Senhor. Chega ao âmago dos privilégios e prazeres sacerdotais, e é um acontecimento recorrente onde o céu e a terra se encontram.

Houve muito mais refeições. Os sacerdotes compartilhavam uma refeição dos sacrifícios apresentados ao Senhor (Lv 2.1-16; 3.1-17; 5.14-7.10). Pessoas que traziam uma oferta de paz compartilhavam uma refeição com o Senhor com uma parte dessa oferta. Aqueles que permaneciam fiéis ao Senhor recebiam um convite para um banquete gratuito e gratificante (Is 55.1-6), e o próprio Jesus reuniu os mais improváveis e indignos para comer com ele. No entanto, nos dias de Moisés, a refeição foi restrita. Os anciãos foram convidados para a habitação externa de Deus, mas somente Moisés foi convidado para a habitação interna da casa do monte de Deus.

Esse foi o lar visto pela primeira vez no Éden, e logo seria revelado com mais detalhes. No monte Sinai, esse lar foi configurado verticalmente em vez de horizontalmente. As pessoas eram mantidas a uma distância segura. Moisés ergueu um altar na base. Os setenta anciãos foram convidados a subir o monte onde eles realmente viram o Senhor, mas somente Moisés foi convidado a entrar mais adiante. Então, a nuvem da glória do Senhor apareceu no Sinai por seis dias. No sétimo dia, Moisés subiu na nuvem e permaneceu por quarenta dias.

O povo viu a nuvem da glória de Deus sobre o monte. Os anciãos viram os pés de Deus. Moisés viu suas costas (Êx 33.23). E nós? Nós vimos Jesus, mas ainda há mais por vir. "Porque, agora, vemos como em espelho, obscuramente; então, veremos face a face" (1Co 13.12).

REFLEXÃO

1. Uma refeição é importante. Os sacerdotes comeram diante do Senhor e desfrutaram sua provisão no tabernáculo. O Deus dos céus convida você não como um prêmio por bom comportamento, mas a partir da intenção que ele tem desde o princípio dos tempos de aproximar você dele. Você crê nisso? Se não, o que será preciso para que creia? Se crê, como essa realidade o remodela?

2. Se você está relutante em crer, o problema pode ser uma mistura de vergonha e orgulho: você tem vergonha por causa de seus pecados ou do seu sentimento de desvalor; você é orgulhoso demais para vir a um banquete de mãos vazias. Jogue isso de lado por enquanto e simplesmente venha. Deus tem prazer em receber, e você precisa dele. Ele convida; você vem (Is 55.1-3). Como você poderia vir?

14

NA CASA DE DEUS

> E me farão um santuário, para que eu possa habitar no meio deles. Segundo tudo o que eu te mostrar para modelo do tabernáculo e para modelo de todos os seus móveis, assim mesmo o fareis.
>
> Êxodo 25.8-9

Conhecemos muito melhor as pessoas quando somos convidados para suas casas. Os quadros, as decorações e os móveis revelam algo sobre os anfitriões. E quando os anfitriões projetaram toda a casa e seu conteúdo, *tudo* revela algo sobre eles. O tabernáculo é a primeira casa sobre a qual Deus nos dá tantos detalhes, e ele foi construído para a hospitalidade.

O Éden era a casa de Deus — tudo ali se resumia à vida e à comunhão. O monte Sião era o lar de Deus — ele dizia respeito a sacrifícios, refeições, comunhão e promessas feitas a seu povo e orientações sobre como ser seu povo. Mais tarde, uma tenda portátil ou tabernáculo se tornou sua casa. Seu povo vivia em tendas, e ele se juntaria ao povo.

As plantas dos lares de Deus são semelhantes, pois todas elas são baseadas em um modelo celestial (Figura 7). Esse lar consistia em uma tenda, cercada por um pátio, que estava rodeada pelo povo de Israel, e além deles estava o mundo que precisava do Deus de Israel.

Figura 7: O Tabernáculo do Deserto (Êxodo 25-30)

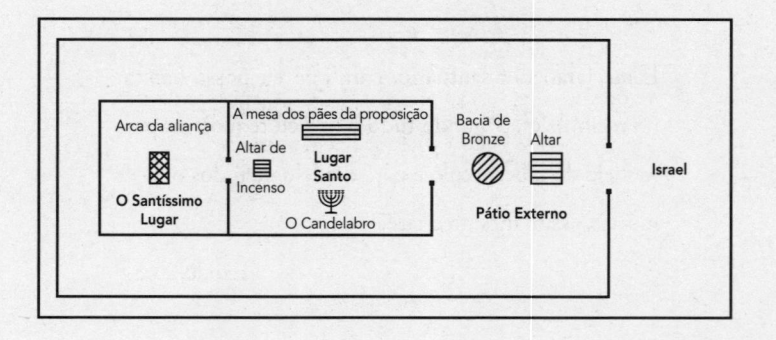

Arca da aliança	A mesa dos pães da proposição		Bacia de Bronze	Altar	
▨	Altar de Incenso	Lugar Santo	◯	☰	Israel
O Santíssimo Lugar		O Candelabro	Pátio Externo		

Na tenda, estava a câmara interior de Deus: o Santíssimo Lugar. Este estava localizado mais longe da entrada, e o restante da casa de Deus servia de apoio para esse recinto em particular. O Santíssimo Lugar estava conectado a um apartamento adjacente, frequentemente chamado de Lugar Santo. Era uma espécie de antecâmara ou sala de recepção, que era mantida diariamente por um sacerdote designado. No pátio vizinho, os sacerdotes desempenhavam suas funções e apresentavam sacrifícios. Aqui o povo podia vir.

Cada área, embora minimalista, continha detalhes que convidam a inspeção. Era aqui que os sacerdotes trabalhavam e serviam (Êx 25-27).

Quando os sacerdotes se aproximavam do tabernáculo, eles viam uma parede de aproximadamente 1,80 metro de linho fino branco ao redor. A cortina da entrada era distinta, com bordados multicoloridos, adequada para a tenda de um rei. Quando os sacerdotes entravam no pátio exterior, o próprio céu era o teto. Era decididamente terreno — sem piso especial, sem ouro. O primeiro objeto que eles viam era o altar de bronze sobre o qual sacrifícios eram oferecidos continuamente. Para chegar ao tabernáculo era necessário passar pelo altar, a partir do qual o sangue e a morte enchiam os sentidos.

O problema era claro: o povo precisava ser perdoado e limpo antes de entrar na casa de Deus. A solução também era clara: Deus aceitaria um substituto ou representante no lugar deles. Menos claro era como tudo isso funcionava. Um animal é um ser vivo, assim como nós, mas é categoricamente diferente de nós. Enquanto nós somos do céu e da terra, os animais estão claramente ligados à terra. Não entendemos o motivo de Deus ter aceito um substituto animal, mas estamos gratos por ele tê-lo feito. Só mais tarde, veremos como o altar e, de fato, como cada detalhe do tabernáculo foram facetas de Jesus e de Jesus crucificado.

Mais adiante, embora ainda no pátio externo, estava uma pia de bronze ou bacia com água para limpeza (Êx 30.17-21). Feita de espelhos, ela refletia o céu azul — os céus — e preparava os sacerdotes para o trabalho dentro do Lugar Santo.

Antes de trabalhar, os sacerdotes lavavam as mãos e os pés. Suas mãos tocavam os objetos sagrados; seus pés estavam ligados à terra, que estava poluída pelos pecados do povo. Tanto as mãos como os pés precisavam ser limpos.

Uma vez limpo, um sacerdote poderia ir para a tenda real da casa. Ela estava fechada e coberta com quatro camadas: linho branco coberto com pelos de cabra, pele de carneiro e uma camada externa de um tipo de couro. Não era impressionante de se ver, mas aqueles que entravam estavam em um reino visivelmente diferente. Eles estavam se movendo da terra para o céu, sendo a distância entre o céu e a terra apenas a espessura da cortina. Querubins estavam bordados na entrada. Eles evocavam o Éden e os guardas angelicais à entrada.

Uma vez dentro, a primeira sala era o Lugar Santo, onde tudo era ouro, em contraste com o bronze menos caro que dominava o pátio exterior. Nessa sala, a luz vinha apenas de um candelabro dourado que era decorado como uma árvore viva. Ele ecoava a luz no primeiro dia da Criação, e estava unido à árvore da vida do jardim — luz e vida em contraste com escuridão e morte. O candelabro tinha sete lâmpadas. A luz dessas lâmpadas apontava para uma mesa coberta de ouro que tinha doze pães (Êx 25.30), que simbolizavam o cuidado de Deus para com todos os doze grupos de famílias dentro de Israel. Em outras palavras, o povo de Deus estava no Lugar Santo. A morada de Deus sempre foi destinada ao seu povo, e sua luz brilha sobre ele.

O altar de incenso era o móvel mais próximo da próxima cortina, que se abria para o Santíssimo Lugar. Como tudo no tabernáculo, o altar de incenso estava repleto de significado e revelava um anfitrião extravagante. Ele havia trazido a beleza de si próprio e de sua casa até mesmo ao olfato da humanidade. No entanto, havia mais. Os sacrifícios oferecidos a cerca de 15 metros de distância enviavam fumaça para o céu — o Lugar Santo *era* o céu. Aqui, a fumaça do altar tornava-se um aroma doce e agradável ao Senhor. Essa fumaça representava as orações dos que suplicavam por perdão e comunhão, e essas orações eram doces e aceitáveis.[13]

Mais para dentro do tabernáculo estava o Lugar Santíssimo. O Senhor dava acesso ao Lugar Santíssimo somente uma vez por ano, e somente ao sumo sacerdote. Ali era a sala do trono de Deus. Nela havia uma caixa dourada, ou arca, que evocava o estrado dos pés do Senhor. Ela continha uma amostra do maná e uma cópia dos Dez Mandamentos. Esses elementos falavam claramente da regra régia de Deus, de sua provisão e de seu discurso pessoal. Dois anjos, um de frente para o outro, olhavam para baixo para a arca da aliança. Acima deles estava o trono de Deus, invisível e real. Essa glória, sequestrada por um tempo, estava apenas esperando para se soltar.

Deus estava presente. Ali era o "onde vos encontrarei, para falar contigo" (Êx 29.42). O tabernáculo era uma representação visual do mundo de Deus junto com instruções específicas sobre como seu povo deveria se aproximar. Cada

---

13 Discussões sobre o simbolismo do tabernáculo podem ser encontradas em muitos lugares. Esse comentário em particular sobre as orações não verbais vem de *The Shadow of Christ in the Law of Moses*, de Vern Poythress (Phillipsburg, NJ: P&R, 1991), 22 — uma exposição de qualidade sobre os detalhes do tabernáculo.

detalhe tinha o objetivo de preparar a humanidade para reconhecer Jesus quando ele viesse e reunisse todos esses detalhes em si mesmo.

REFLEXÃO

Essa planta torna o resto da Escritura muito mais compreensível, por haver tantas referências e alusões a ela. Interpretado corretamente, o tabernáculo é tanto um lar quanto um caminho, e o mapeamento dele para você é o caminho para o céu. A casa em si contém maravilhas sem fim, mas é o movimento da humanidade mais para o interior ou mais adentro que merece sua atenção. Revise o projeto e a mobília, e veja neles um caminho que leva mais para dentro.

15

SACERDOTES VESTIDOS

O tabernáculo era o centro da vida em Israel. O Senhor o projetou, e os mais hábeis artesãos executaram suas instruções. Por isso, é surpreendente que a *beleza* seja usada primeiramente para descrever os sacerdotes, e não o próprio tabernáculo. As palavras *glória* e *beleza*, quando aplicadas a meros seres humanos, são impressionantes. Elas anunciam que podemos e iremos nos livrar da vergonha que nos separa da beleza de Deus, e ele mesmo o fará. Em outras palavras, ele fornecerá vestimentas que podemos usar em sua presença.

> Faze também vir para junto de ti Arão, teu irmão, e seus filhos com ele, dentre os filhos de Israel, para me oficiarem como sacerdotes, a saber, Arão e seus filhos Nadabe, Abiú, Eleazar e Itamar. Farás vestes sagradas para Arão, teu irmão, para glória e ornamento. (Êx 28.1-2)

O caminho para essa glória e beleza é estar vestido. Essa sempre foi a intenção de Deus. Não a nudez, mas a investidura.

Não peles mortas, mas vestes sacerdotais. Deus projetou nossas vestes, e elas nos tornarão bastante apresentáveis.

Êxodo 28 e 29 prescrevem as vestes para o sumo sacerdote, assim como as vestes para todos os outros sacerdotes que serviam no tabernáculo. As vestes do sumo sacerdote receberam o maior número de detalhes e se destacavam como belas. Mesmo sem conhecer os detalhes simbólicos da vestimenta, ainda sabemos que ela era algo especial. Fios coloridos de ouro, azul e púrpura; o linho mais fino; um peitoral dourado; e uma mitra adequada a um rei. O linho e os fios eram os mesmos usados para as coberturas do tabernáculo.

Embora não saibamos exatamente o que os sacerdotes entenderam desse projeto, sabemos que os portadores de imagens — os seres humanos — eram aqueles que tinham a finalidade de representar Deus com mais precisão. O tabernáculo, de fato, refletia a glória do Senhor, porém tabernáculos vivos e que andavam sempre foi o plano. As coberturas sacerdotais apontavam para os tabernáculos cheios do Espírito que viriam, quando todos nós seríamos santificados em Jesus Cristo.

O povo de Deus estava representado em todas as peças de vestuário. As ombreiras estavam incrustadas com pedras de ônix, uma em cada ombro, e gravadas nessas pedras estavam os nomes das doze tribos de Israel. Por cima das peças de linho havia um peitoral com doze joias, cada uma inscrita com o nome de uma tribo. Em outras palavras, o sumo sacerdote carregava o povo para todos os lugares, até mesmo para o Santíssimo Lugar.

Uma característica inescrutável desse peitoral era o urim e o tumim. Essas parecem ser duas pedras, talvez dentro de uma bolsa, que ajudavam o sacerdote no julgamento sábio. Não sabemos os detalhes de como isso acontecia, mas algo começava a aparecer. A imagem de Deus na humanidade estava sendo restaurada. O discernimento e a sabedoria perdidos no Éden estavam disponíveis porque Deus estava com seu povo.

O último item mencionado é a mitra. Ela tem implicações régias, semelhante a uma coroa, mas não é isso que se destaca. O que atrai nossa atenção é a gravação. "Farás também uma lâmina de ouro puro e nela gravarás à maneira de gravuras de sinetes: Santidade ao Senhor" (Êx 28.36).

Quando se dá um passo atrás, fica claro: a veste sacerdotal imitava o tabernáculo. Havia uma roupa de baixo de linho branco, assim como as cortinas. Os nomes do povo estavam representados no traje, assim como os nomes estavam representados no pão encontrado no Lugar Santo. A peça da cabeça identificava o portador como santo, pois a tenda era santa, e as cores tecidas com os fios metálicos dourados brilhavam na luz. Eles evocavam a presença ardente da glória de Deus. O sacerdote era uma versão viva do tabernáculo. O sacerdote e o tabernáculo, ambos imitavam a Deus.[14]

A mente rodopia. "Pois um dia nos teus átrios vale mais que mil" (Sl 84.10). Os sacerdotes foram abençoados por serem assistentes na casa de Deus, mas a presença deles ali apontava para uma realidade muito maior: a presença de Deus com seu povo seria tão íntima que ele realmente habitaria dentro deles.

---

14 Para mais detalhes, veja o capítulo 2 de *Images of the Spirit*, Meredith G. Kline (Grand Rapids, MI: Baker, 1980).

No princípio, o Espírito que dá vida animou nossos corpos terrenos, e ele o fará novamente. Olhamos adiante e vemos que somos, singular e corporalmente, tabernáculos vivos, e um tabernáculo é onde Deus habita com seu povo. "Acaso, não sabeis que o vosso corpo é santuário do Espírito Santo, que está em vós, o qual tendes da parte de Deus?" (1Co 6.19). O Pai sobre nós, Jesus conosco e o Espírito dentro de nós — toda essa intimidade está agora em vista na história sacerdotal.

REFLEXÃO

1. As vestes sacerdotais receberam alterações ao longo do tempo. Fique atento ao linho fino. Essas eram as vestes mais simples dos outros sacerdotes e levitas, e estavam associadas à retidão (Is 61.10; Ap 19.8). Elas acabarão sendo trajes de casamento, pois estamos finalmente e totalmente unidos a Jesus Cristo. Esse é o caminho para a vida sem esconder-se. Você já considerou que essas vestes sacerdotais são suas próprias vestes? Como você viveria de maneira diferente se reconhecesse que você as veste?

2. A história da proximidade com Deus avança com pequenos passos. O tabernáculo e as vestes sacerdotais apontam para uma união mais perfeita com Deus e para um outro povo, uma união em que o povo de Deus é um tabernáculo móvel. Você já considerou o tabernáculo móvel como uma variação de sua identidade dada por Deus? De que forma você vive como um tabernáculo?

DESCRIÇÕES DE TRABALHO

O cerne da descrição do trabalho sacerdotal é a comunhão com o Senhor, desfrutar sua hospitalidade e proteção, viver em sua casa. Que nunca pensemos que a obediência austera é a essência da vida em Cristo. Refeições suntuosas, satisfação, paz e prazer são a porção dos sacerdotes de Deus. Não poderia ser de outra forma, uma vez que somos convidados a viver na junção entre o céu e a terra. No entanto, a vida é ativa nesse ponto de encontro. Há muito o que fazer. Nossa identidade como sacerdotes que somos é acompanhada por uma missão significativa. O tédio não é uma opção.

Para os primeiros sacerdotes, havia os fracos, os órfãos, as viúvas e os pobres dos quais cuidar e a função de encorajar outros a fazerem o mesmo — emprestar com a mão aberta e ser generoso assim como nos foi mostrado generosidade (Dt 15.1-18). Havia também guerras e conflitos, e as pessoas precisavam estar preparadas para a batalha:

> Quando vos achegardes à peleja, o sacerdote se adiantará, e falará ao povo, e dir-lhe-á: Ouvi, ó Israel, hoje, vos achegais à peleja contra os vossos inimigos; que não desfaleça o vosso coração; não tenhais medo, não tremais, nem vos aterrorizeis diante deles, pois o SENHOR, vosso Deus, é quem vai convosco a pelejar por vós contra os vossos inimigos, para vos salvar. (Dt 20.2-4)

Essas primeiras descrições da missão sacerdotal estavam sempre apontando para algo mais e alguém mais. A missão converge para Jesus, o verdadeiro sumo sacerdote, e a partir dele nossa descrição de trabalho irrompe com um novo significado. Por exemplo, ainda cuidamos dos pobres, necessitados e sobrecarregados, mas, com a maturidade, vem a consciência de que nós também somos pobres e necessitados (2Co 12.1-10), e nosso cuidado com os outros se torna infundido de compaixão (Hb 5.1-3). Da mesma forma, continuamos a ser guerreiros que encorajam outros guerreiros, mas agora vemos o verdadeiro inimigo e suas estratégias mais letais (Ef 6.10-18). Assim, voltamo-nos para nossa luta principal. Somos firmes contra qualquer coisa em nós que abrigar simpatias satânicas. Travamos guerra contra nossos próprios desejos egoístas (observe como eles inevitavelmente dividem relacionamentos e imitam os caminhos assassinos de Satanás), e nós ajudamos uns aos outros nessa luta. Esses detalhes são vistos em três aspectos diferentes da descrição do trabalho dos sacerdotes. Cada um expressa nossa identidade e nosso propósito, e cada um pode ser expresso com infinita variedade.

Encher a terra com sacerdotes reais sábios e perspicazes. Esse enchimento é um componente global da descrição do trabalho. O trabalho começou com: "Sede fecundos, multiplicai-vos, enchei a terra e sujeitai-a" (Gn 1.28). Deus tinha desenrolado uma tela, e os seres humanos foram os pintores encarregados de desenvolvê-la. Muito foi deixado à criatividade e à imaginação.

Assim como no restante da criação animada de Deus, tais como plantas e animais, as pessoas deveriam povoar a terra. Somos descendentes de sacerdotes, e esperamos uma família muito maior. O Deus que dá a vida nos dá o potencial para imitá-lo a dar vida. Fazemos isso tendo filhos, mas o que nos diferencia do reino sub-humano é que podemos convidar crianças a seguirem a Jesus e a serem instruídas a viver em plenitude, e podemos convidar o mundo para nascer em uma nova família. Jesus nos encarregou de uma maneira que capturou o verdadeiro significado desse mandato original:

> Ide, portanto, fazei discípulos de todas as nações, batizando-os em nome do Pai, e do Filho, e do Espírito Santo; ensinando-os a guardar todas as coisas que vos tenho ordenado. (Mt 28.19-20)

O trabalho de subjugar a terra continua incessante desde a comissão original. Nós somos administradores da terra, mas as almas da humanidade tornaram-se nossa principal mordomia. Nosso objetivo é o batismo, que indica a purificação de Deus sobre nós, mas, mais ainda, o batismo significa que nos identificamos com Deus e a Deus pertencemos. Fomos trazidos de volta à família do Senhor e, nessa família, crescemos em Cristo, ensinamos sobre Cristo e discernimos o que é certo e bom.

Samuel foi claro sobre esse aspecto do trabalho sacerdotal, mesmo quando o povo que ele serviu se rebelou contra o Senhor:

> Quanto a mim, longe de mim que eu peque contra o SENHOR, deixando de orar por vós; antes, vos ensinarei o caminho bom e direito. (1Sm 12.23; cf. Dt 33.10)

Os sacerdotes chamam as crianças, os próximos e o mundo para aproximarem-se de Jesus.

Cuidar da paz e da pureza da comunidade crente. Tal cuidado é um aspecto localizado de nossa comissão sacerdotal. O trabalho dos sacerdotes é proteger e manter a casa de Deus. Quando Adão e Eva falharam nos campos de teste originais do Éden, Deus designou querubins para proteger seu santuário. Na fase seguinte da história redentora, os querubins deram lugar aos sacerdotes. Os seres humanos estavam sendo restaurados. Os sacerdotes eram os que mantinham a guarda (Nm 18.3-4; Dt 18.7). Foi-lhes dado um manual substancial com instruções precisas. Haveria muito pouco improviso. Em vez disso, eles foram treinados para discernir os caminhos de Deus. No entanto, mesmo com essa instrução detalhada, os sacerdotes falharam e entraram de cabeça nas idolatrias contra as quais foram incumbidos de se protegerem.

No final das contas, o fracasso deles estava escrito no manual. O sangue dos animais apontava para a necessidade de um sacrifício melhor, e o instinto do coração humano inclinado para a independência apontava para a necessidade de um coração novo, não apenas de um coração reabilitado. Somente quando Jesus se tornou o sumo sacerdote, o sacrifício e o tabernáculo, o sacerdócio real se tornou a igreja. No entanto, a igreja também tem suas lutas. Temos divisões, falsos mestres e pregadores pecaminosamente favorecidos, assim como todos os outros pecados conhecidos pela humanidade.

O apóstolo Paulo protegeu a paz e a pureza das igrejas com grande zelo:

> Não sabeis que sois santuário de Deus e que o Espírito de Deus habita em vós? Se alguém destruir o santuário de Deus, Deus o destruirá; porque o santuário de Deus, que sois vós, é sagrado. (1Co 3.16-17)

Nessa passagem, Paulo usa a imagem da igreja como templo em vez do indivíduo como templo, e protege a igreja protestando contra o culto da personalidade e o favoritismo na igreja. Quando escreveu sobre a Ceia do Senhor, Paulo voltou sua atenção para as distinções entre ricos e pobres, onde os ricos recebiam tratamento preferido. Isso não poderia acontecer no templo de Deus, escreveu ele. Tensões e divisões deveriam ser reconciliadas antes da refeição sacerdotal (1Co 11.17-33). Então sua carta pastoral mudou a imagem da igreja como templo de Deus para a igreja como o corpo de Cristo (1Co 12.12-30), o que é ainda mais íntimo do que a linguagem do tabernáculo.

Para nós, isso significa que estamos vigilantes sobre qualquer indício de favoritismo ou de relacionamentos hostis, primeiro em nossos corações e em nossos relacionamentos, e depois nos outros.

- Será que procuramos algumas pessoas em nossa igreja, mas não procuramos outras?
- Será que evitamos aqueles que são diferentes de nós?
- Será que alguém tem algo contra nós?
- Será que temos fofocado sobre outras pessoas na igreja?

Essas perguntas não são simplesmente nossas tentativas de fazer a coisa certa. Elas são características da nossa humanidade sacerdotal, e nossa atenção a elas é o nosso propósito e o nosso chamado.

Refletir o Senhor (Êx 34.33; Sl 34.5). Uma maneira mais pessoal de visualizar esse aspecto da descrição do trabalho sacerdotal é pensar em Moisés, que refletia a grandeza e a santidade de Deus. Moisés queria, acima de tudo, testemunhar a glória de Deus. Quando o Senhor chegou perto, ele revelou uma parte de sua glória a Moisés. Este, por sua vez, refletia literalmente o esplendor de Deus. Como Deus é luz, assim Moisés refletiu essa luz:

> Quando desceu Moisés do monte Sinai, tendo nas mãos as duas tábuas do Testemunho, sim, quando desceu do monte, não sabia Moisés que a pele do seu rosto resplandecia, depois de haver Deus falado com ele. Olhando

Descrições de trabalho

Arão e todos os filhos de Israel para Moisés, eis que resplandecia a pele do seu rosto; e temeram chegar-se a ele. (Êx 34.29-30)

Essa história é inigualável no Antigo Testamento. Somente aqui testemunhamos a mudança do semblante de alguém porque ele ou ela estavam próximo do Senhor. Essa é, no entanto, uma história sacerdotal. Moisés representava o povo e foi convidado a se aproximar. Quando se aproximou, ele assumiu uma característica daquele que ele observava. As vestes podem refletir o Senhor; os rostos, também, podem refleti-lo. (Falaremos mais sobre isso depois.) A história será retomada no Novo Testamento, e será ainda melhor (2Co 3.12-18).

REFLEXÃO

1. Use suas próprias palavras para descrever os três aspectos da descrição do trabalho sacerdotal.

2. Identifique uma aplicação de cada um dos aspectos da descrição de trabalho dos sacerdotes.

SACERDOTES AO TRABALHO

Uma vez que os sacerdotes precederam reis e profetas, alguns dos deveres que posteriormente recaíram sobre reis e profetas eram originalmente desempenhados por eles. A responsabilidade por esses deveres era determinada por sorteio. Alguns sacerdotes inspecionavam as casas em busca de bolor; outros examinavam doenças de pele. Alguns ensinavam a lei e julgavam disputas. Os sacerdotes são mais conhecidos, porém, pelo trabalho no tabernáculo e no posterior templo construído por Salomão. Eles tinham que aderir a leis rígidas de limpeza, assim como suas famílias. Eles não podiam ter defeitos ou anormalidades físicas óbvias. Seus colegas levitas, que mantinham o tabernáculo, eram chamados para servir entre os trinta e cinquenta anos de idade (Nm 4:47), de acordo com a exigência física do trabalho. Para os sacerdotes, porém, não parecia haver restrições de idade, os quais serviam como podiam até a morte.

SANTIFICADOS

Antes de iniciarem seus ministérios, os sacerdotes eram separados (i. e., santificados ou tornados santos). Essa separação era aparente muito antes da cerimônia ordinária deles, mesmo quando eles estavam passando um tempo em casa.

Talvez a bênção mais cobiçada para o antigo hebreu fosse a terra, mas os sacerdotes não receberam nenhuma terra. As famílias dependiam de suas terras, e a terra era destinada a abençoar também as gerações que viriam em seguida. Para os sacerdotes e levitas, Deus separou cidades. Em vez de ganharem seu sustento a partir da terra, os sacerdotes recebiam porções de certos sacrifícios, alguns que eram comidos no tabernáculo e outros que eram dados à família do sacerdote, e recebiam renda dos dízimos, das ofertas e das "coisas consagradas" trazidas pelo povo (Nm 18.14, 24).

As "coisas consagradas" consistiam principalmente em primogênitos e primícias. Essas eram únicas do Senhor, e o povo trazia ou o primeiro e o melhor para o tabernáculo ou, em vez disso, um valor monetário pré-determinado. O que o povo dava ao Senhor, o Senhor partilhava com os sacerdotes e os levitas. Assim, quando as Escrituras identificaram as bênçãos da terra e da herança, os sacerdotes puderam pensar em sua herança mais preciosa:

> Disse também o Senhor a Arão: Na sua terra, herança nenhuma terás e, no meio deles, nenhuma porção terás. Eu sou a tua porção e a tua herança no meio dos filhos de Israel. (Nm 18.20)

Pessoas são mais importantes do que coisas — essa é uma boa regra geral. No entanto, a promessa do Senhor a Arão é algo ainda maior. Procure-a mais adiante quando Jesus diz: "Não temais, ó pequenino rebanho; porque vosso Pai se agradou em dar-vos o seu reino" (Lc 12.32). Quando se tem o Senhor, se tem tudo. O único desafio é que os primeiros sacerdotes e nós recebemos uma herança que é, em grande parte, invisível. Contudo, mesmo hoje somos ajudados a cada dia por sinais e símbolos que foram projetados por Deus, que refletem seu caráter e que antecipam o cumprimento de suas promessas. Moisés, Aarão e os israelitas tinham o tabernáculo. Nós temos o batismo, a Ceia do Senhor e o Espírito, o qual abre nossos olhos para o invisível.

Os sacerdotes eram separados para o trabalho em uma cerimônia formal. O processo era chamado de "ordenação" ou "consagração" (veja a Figura 5 no capítulo 12, p. 85). Eles já estavam "limpos", mas também tinham que ser santificados. A cerimônia começava à medida que os futuros sacerdotes eram lavados, vestidos com o guarda-roupa que Deus projetou e ungidos com óleo (Êx 29.7; Lv 8.10-12). O óleo da unção aparece mais tarde nas instalações dos reis de Israel, como cura para os doentes e tratamento dos convidados de honra. *Messias* significa "ungido". Nesse caso, ungir significa que Deus separou o homem para fins especiais.

Em seguida vinham os sacrifícios, que começavam com uma oferta pelo pecado prescrita para pecados específicos. Um sacerdote primeiro impunha as mãos sobre um animal sacrificado como forma de identificação com um substituto que morreria em seu lugar. Ele matava o animal e seu sangue era colocado na base do altar, nos lados e nos chifres, ou nas protuberâncias verticais nos quatro cantos. A base do altar encontrava-se com a terra; o lado do altar representava o próprio tabernáculo e os chifres eram seu ponto mais alto, mais próximo dos céus. Em outras palavras, a própria área sacrificial precisava ser santificada.

A oferta pelo pecado era seguida por uma oferta queimada, que parecia deixar uma sujeira geral à vista. O animal de sacrifício era totalmente consumido no altar. Nenhuma parte era usada para qualquer outro propósito. Nenhum sangue era tirado dele. Aqui nos é dito que esse sacrifício era um aroma agradável ao Senhor.

O sacrifício seguinte era singular à consagração sacerdotal e foi chamado de "oferta de consagração" (Lv 8.22). Ela começava de forma semelhante à oferta pelo pecado. Um sacerdote primeiro impunha suas mãos sobre o animal, e depois o animal era morto. Aqui, na oferta pela consagração, o sangue era colocado não sobre o tabernáculo, mas sobre o próprio sacerdote. Uma vez que os sacerdotes eram uma espécie de tabernáculo móvel, o sangue era colocado no dedão do seu pé direito, no polegar da sua mão direita e no lóbulo da sua orelha — o ponto onde os sacerdotes tocavam a terra, o meio de serviço no tabernáculo e o lugar do corpo mais próximo ao céu. Uma oferta de pão era, então, introduzida ao sacrifício. Isso dizia essencialmente o seguinte: o que temos é do Senhor e o dedicamos ao Senhor. Essa oferta era consumada com uma refeição na qual o sacerdote desfrutava a hospitalidade de Deus na entrada do tabernáculo.

O culto de consagração era reservado à descendência masculina de Arão, mas sabemos o desenrolar da história. Todo o povo de Deus logo seria incluído nesse processo de consagração. Os detalhes do culto parecem diferentes para nós porque todos esses sacrifícios foram condensados na obra de Jesus. Mas o ritmo de vida para o sacerdócio aarônico continua sendo o ritmo das nossas vidas. Os sacerdotes eram:

+ limpos do pecado;
+ devotados ao Senhor;
+ gratos pela provisão de Deus;
+ abençoados pela comunhão e pelo cuidado.

SACRIFÍCIOS

Na época do rei Salomão, o tabernáculo recebeu um lugar mais permanente em Jerusalém, e havia milhares de sacerdotes e levitas ali. Eles estavam agrupados em divisões, cada um tendo suas especialidades: administração, padeiros para o pão da proposição, aqueles que verificavam as escalas para justas transações, porteiros, músicos, cantores e os sacerdotes que supervisionavam o próprio sistema sacrifical.

Quando um sacerdote estava servindo no altar, sua manhã começava com algumas tarefas domésticas. Havia uma oferta no altar que havia sido queimada a noite toda. Suas cinzas precisavam ser descartadas fora do tabernáculo, e o fogo tinha que ser atiçado. Enquanto isso, ele era lembrado de que a fumaça tinha subido diante do Senhor, como um aroma agradável, durante toda a noite. Mesmo enquanto as pessoas dormiam, o Senhor estava fazendo um caminho ativo para que sua presença permanecesse no acampamento.

A entrada era aberta para o culto da manhã por volta das nove horas (Êx 29.38-46; Nm 28.1-8). Um sacerdote tocava a trombeta (1Cr 16.6). Outro sacerdote entrava no Lugar Santo, aparava as velas e queimava incenso. No pátio da corte, outros sacerdotes apresentavam um holocausto ao Senhor juntamente com ofertas de comida e bebida. O culto era encerrado com uma benção sobre a comunidade.

Ao longo do dia, o povo vinha para oferecer vários sacrifícios e ofertas. Para fazer um sacrifício de animal, o adorador impunha as mãos sobre ele e o matava perto da entrada do tabernáculo. Tudo era de perto, participativo e pessoal. Uma vez que o animal tinha sido sacrificado, os sacerdotes assumiam o controle.

Havia cerca de oito tipos diferentes de sacrifícios, que podem ser organizados livremente em torno da oferta queimada e da oferta de paz. A oferta queimada, juntamente com a oferta pelo pecado e a oferta pela culpa, sempre incluíam o sangue dos animais. Essas ofertas eram para perdão de pecados e purificação, e eram expressões de devoção a Deus. A oferta pela paz, juntamente com os cereais, as bebidas, os grãos, o voto, a oferta voluntária e as ofertas movidas, também eram uma expressão de devoção pessoal, mas essas ofertas comunicavam especialmente reconciliação e comunhão com o Senhor.

À tarde, por volta das quatro horas, o culto da manhã era repetido.

Tudo isso criava um aroma agradável ao Senhor, e era o plano de Deus para se encontrar com seu povo (Êx 29.42-43). Será que os sacrifícios ganhavam o favor de Deus? Não, eles aconteciam em reconhecimento pelo que Deus tinha feito e faria, e eram eficazes por causa da sua misericórdia. E o ritmo diário era gradualmente inculcado nos corações dos sacerdotes e do povo. O povo era:

- limpo do pecado;
- devotado ao Senhor;
- grato pela provisão do Senhor;
- abençoado pela comunhão e pelo cuidado do Senhor.

O Senhor asseguraria o povo dessas coisas novamente no dia seguinte.

DIAS SANTOS

Também havia outros ritmos. Alguns dias eram comuns, alguns dias eram santos. Podemos identificar muitos daqueles dias santos observando ciclos de sete:

- O Sábado é o sétimo dia da semana.
- O Dia da Expiação é o sétimo dia do mês.
- O ano para a liberação de dívidas é o sétimo ano ou ano sabático.
- O Ano do Jubileu é após o quadragésimo nono ano, ou sete vezes sete (Dt 25.8-17).

Outros dias santos preenchiam as lacunas. Acompanhe três festas ou períodos festivos em particular, quando pessoas saudáveis comemoravam com uma viagem ao templo em Jerusalém. Essas festas aparecem frequentemente no Novo Testamento.

A primeira festa. O ano começava com a Páscoa e entrava imediatamente em uma celebração de sete dias de colheita que incluía a Festa dos Pães Asmos e a Festa das Primícias (Lv 23.4-14).

A segunda festa. Sete semanas e um dia depois havia uma outra festa de colheita, a Festa das Semanas, que mais tarde ficou conhecida como Pentecostes.

A terceira festa. O sétimo mês era santificado logo no início com a Festa das Trombetas, como preparação para o Dia da Expiação, que vinha dez dias depois. No décimo quinto dia do mesmo mês havia a Festa dos Cabanas, que durava uma semana inteira.

Todas elas eram marcadas por sacrifícios especiais, descanso para o povo e lembranças específicas, mas o Sábado semanal era o verdadeiro pulso da vida espiritual da comunidade.

O Sábado. No Sábado, os sacerdotes estavam ocupados com os sacrifícios matutinos duplos; o pão no Lugar Santo era substituído por pão assado fresco (Nm 28.9-10) e mais adoradores se ajuntavam. Eles estavam ensaiando uma história que vinha desde o passado.

O primeiro versículo do livro de Gênesis tem sete palavras, como se fosse para nos manter em movimento durante os dias da criação até chegarmos ao sétimo dia. Temos interesse no sexto dia, e a criação da humanidade se destaca entre os primeiros seis dias, mas o Sábado é para onde queremos ir. No Sábado, Deus descansou e nos convida a descansar com ele. Isso não tem muito a ver com todos fazerem uma soneca nesse dia. A questão é que não temos que trabalhar, então temos tempo para nos encontrar com o Senhor — e ele se encontra conosco. A questão é *shalom* ou paz, não o sono. Talvez aqueles passeios com Deus no jardim fossem passeios sabáticos, quando nada mais precisava ser feito. Somente o Sábado é identificado como santo na história da Criação.

Imagine o impacto sobre aqueles que foram os primeiros a ouvir sobre o Sábado. Eles haviam acabado de sair da escravidão, em que todos os dias eram iguais. As pessoas trabalhavam. Não havia mais nada além disso. Agora, um dia era separado para o povo descansar em Deus. Com o Sábado, Deus essencialmente proclamava que seu povo não era escravo, mas um sacerdócio real.

Adoração no tabernáculo, um ritmo diferente para o dia, a notável ausência de trabalho, conversas mais intencionais (Is 58.13), reflexões sobre os atos poderosos de Deus, a alegria de ser convidado para o que é dele, a participação com Deus no que ele chamou de "meus sábados" (Êx 31.13) — essas são algumas das formas que Deus instruiu o povo para que preenchessem esse dia santo. Tudo isso foi uma expressiva confiança no Senhor que provê.

Mas o medo pode se infiltrar. A primeira discussão sobre o Sábado e suas práticas referiu-se à coleta do maná (Êx 16.22-30). Foi dito às pessoas que coletassem maná extra no dia anterior ao Sábado para que elas não tivessem que coletar nada no dia seguinte. Isso significava que eles deveriam confiar mais no cuidado do Senhor por eles do que no trabalho de suas próprias mãos. A confiança é essencial para um relacionamento. Sem ela, existem meramente vidas paralelas e relacionamentos de conveniência. O Sábado era uma oportunidade para confiar no Senhor — de abrir mão de um senso de controle pessoal — e o povo falhou.

Imagine a época da colheita. Com as colheitas no auge, e com o Sábado, perdia-se um dia de colheita. O Sábado era um bom teste para a alma. A confiança não vem naturalmente; o interesse próprio, sim. O Sábado era uma oportunidade para dizer que todas as coisas vêm do Senhor. Era também a forma como o povo de Deus se distinguia de seus vizinhos. Israel era a nação que descansava com seu Deus um dia a cada semana, e uma vez que ele controla toda a terra e tudo o que a preenche, ele podia ser confiável para cuidar das necessidades do povo.

Olhando adiante para Jesus, o Sábado permaneceu no centro das práticas hebraicas, mas o dia santo estava em perigo de se tornar um fardo, porque os líderes haviam acrescentado leis excessivas à observância do Sábado. Esse é o contexto das conhecidas palavras de Jesus: "Vinde a mim, todos os que estais cansados e sobrecarregados, e eu vos aliviarei" (Mt 11.28). Aqui Jesus reivindica o Sábado e, em uma admissão flagrante de que ele é Deus, chama as pessoas para encontrarem o descanso nele.

Nos Evangelhos, a expressão "no sábado" é um marcador de que algo importante está prestes a acontecer. Jesus havia se aproximado, a vida estava irrompendo, o céu estava perfurando a terra e a morte estava sendo empurrada de lado. Mãos ressequidas eram curadas. Discípulos eram alimentados. O Sábado era um tempo de bênção, não de fardos. Todas as leis humanas tinham transformado o Sábado em um dia sobre realização pessoal e autorretidão, em vez de um dia marcado pela confiança e pelo descanso. Se não tivesse sido assim, talvez os líderes tivessem reconhecido o Senhor da glória e o tivessem adorado. Em vez disso, eles procuraram pegar Jesus quebrando a versão deles do Sábado, e foi por causa dos atos de Jesus no Sábado que eles procuraram matá-lo (Jo 5.18).

Após a ressurreição, a igreja primitiva começou a se reunir no primeiro dia da semana, e o domingo tornou-se gradualmente a versão cristã do Sábado (At 20.7; 1Co 16.1-2). Como o Espírito Santo tinha vindo habitar no povo de Deus, cada dia era santificado, pois os crentes se reuniam diariamente para adoração, oração e estudo das Escrituras. O Sábado, porém, é separado, então separamos o tempo para descansar de nossos fardos físicos e para nos lembrar de que o próprio Jesus assumiu nossos fardos espirituais. O Sábado nos lembra de que o descanso e a paz só podem ser encontrados no Senhor do Sábado.

O Dia da Expiação. O Sábado dominava o calendário semanal. O Sábado dos Sábados (Lv 16.31), ou Dia da Expiação, dominava o calendário anual. Era o único dia em que a cortina do Santíssimo Lugar era levantada para um representante do povo.

As Escrituras dão a esse dia, o Dia da Expiação, uma curiosa introdução por meio da história de Nadabe e Abiú

(Lv 10.1-2). Esses filhos de Arão escolheram ir além na tenda de Deus quando nem eram o sumo sacerdote, e tentaram isso com "fogo estranho", que pode ter sido brasas que não eram do altar. O julgamento de Deus foi imediato. O fogo de Deus os consumiu. O julgamento foi tão adequado que Arão e dois outros filhos que também serviam no tabernáculo não tiveram permissão para lamentar. O fogo de Deus acenderá o agradável aroma do incenso diante de seu trono ou consumirá aqueles que são indiferentes às suas ordens claras. Dado como essa história precede as instruções para o Dia da Expiação, podemos entender porque o dia foi abordado de forma sóbria e com jejum em vez de banquete.

Os elementos necessários para esse dia eram um touro e um carneiro para o sumo sacerdote e dois bodes para o povo. O sumo sacerdote começava trazendo um touro jovem e um carneiro — seus próprios animais — para uma oferta pelo pecado e um holocausto para si e sua família. Tendo tomado banho completo e usando uma simples túnica, ele tirava brasas do altar, o incenso e o sangue de sacrifício, e ia atrás da última cortina, para o Santíssimo Lugar.

Quando o incenso era colocado sobre as brasas, criava uma nuvem. Isso simbolizava os céus e ocultava a arca de uma visão clara, que era uma forma de proteção para o sacerdote. Ele então aspergia o sangue no assento da arca, que representava o estrado dos pés de Deus. O sangue era para a limpeza e remoção do pecado do sumo sacerdote e de sua casa.

Ao sair da tenda, ele tomava uma das cabras, sacrificava-a e seguia os mesmos passos para o povo, como fez para sua própria casa. Então, ele pegava o bode vivo, apertava as mãos na cabeça do bode e confessava os pecados e a rebeldia do povo, transferindo simbolicamente esses pecados para o animal. O bode era, então, levado para o deserto, onde era solto. Tendo sido identificado com o povo, o bode era excluído e mandado embora, para longe da presença do Senhor, para um lugar sem vida. Após os sacrifícios e as lavagens finais por parte do sumo sacerdote, o dia que o Senhor prescreveu estava completo, e o povo, assegurado: "sereis purificados de todos os vossos pecados, perante o Senhor" (Lv 16.30).

Tantas realidades espirituais estavam comprimidas nesse dia! O pecado era purgado por um substituto aceitável ao Senhor; o sangue era aspergido para trazer vida às pessoas que haviam sido poluídas, e o bode errante levava os pecados "quanto dista o Oriente do Ocidente" (Sl 103.12) como uma forma de ilustrar quão longe Deus remove seu povo de seus pecados. Deus estava fazendo um caminho para se aproximar. Usando a linguagem de Gênesis, um novo Adão podia passar pelo querubim que guardava a presença de Deus. O Dia da Expiação assegurava ao povo que a intimidade com o Senhor ainda era o plano, mas isso aconteceria gradualmente.

Ao trazermos esses dias santos para o presente, o mais óbvio é que nossos pecados são o nosso problema mais grave e mais profundo. Nossas dificuldades com dinheiro, os relacionamentos quebrados e a saúde precária terão fim quando virmos Jesus, mas nossos pecados têm implicações eternas a menos que sejam aspergidos com o sangue purificador do Cordeiro.

Os sacerdotes sabiam disso, ou pelo menos tinham todas as oportunidades de saber. Além de tal conhecimento, o sistema sacrifical não teria sido mais do que um estranho espetáculo e, mais tarde, a morte de Jesus seria apenas uma expressão de serviço aos outros, o qual deveríamos imitar. Todos os sacerdotes dos tempos modernos, por conseguinte, deveriam ser capazes de identificar os pecados pessoais. Poderíamos colocar isso de forma mais forte: ser plenamente humano é conhecer nossos pecados, saber que o sacrifício de Jesus tirou nossos pecados da presença de Deus, e lutar contra as tentações contínuas. Isso imediatamente levanta algumas questões:

- Quais pecados você já viu em seu próprio coração ontem? Você já os confessou ao Senhor e, se apropriado, àqueles contra os quais você pecou?
- Se você tem desejos os quais você ama mais do que a Jesus, você já pediu ajuda?
- Você descansa em como o sangue de Cristo cobriu seus pecados e os removeu da presença de Deus, como se seus pecados fossem removidos "quanto dista o Oriente do Ocidente" (Sl 103.12)?
- Você tem zelo para combater o pecado como parte da bênção de Deus para você?

BÊNÇÃO

A história sacerdotal é a história de Deus nos reivindicando, nos aproximando e nos abençoando. O Senhor não está sob a compulsão de nos mostrar essa bondade. Ele nos abençoa porque essa é a sua natureza. Ele está inclinado a abençoar; ele criou uma maneira de lidar com o pecado para que ele possa abençoar, e nós certamente precisamos de sua bênção. No Antigo Testamento, a bênção de Deus se estende à saúde, ao cuidado com a família, ao alimento suficiente, à terra e à proteção contra os inimigos. No Novo Testamento, a bênção é que fomos trazidos ao próprio Jesus. Fomos trazidos ainda mais para perto.

Abençoar é mostrar favor, e ser abençoado é experimentar a felicidade de tal favor. Quando abençoamos alguém, queremos que o prazer que temos nessa pessoa seja óbvio, e queremos o melhor para essa pessoa. Quando Deus nos abençoa, ele torna público seu prazer em nós e nos assegura de que sua intenção é nos dar o melhor das coisas. O próprio Deus pronunciou a bênção sobre Adão e Eva (Gn 1.28), e Jesus continuou essa tradição (Mt 5.1-12).

E há mais. Quando Deus diz palavras sobre sua criação, seu poder criativo é colocado em ação. A vida aparece. Isso acontece com a terra, o céu, os mares e conosco. A bênção é o poder procriador de Deus sendo trazido às nossas vidas. Ela nos é necessária se quisermos viver como ele pretende que vivamos. Jesus disse: "O ladrão vem somente para roubar, matar e destruir; eu vim para que tenham vida e a tenham em abundância" (Jo 10.10).

Como pessoas que têm sido abençoadas, ele também nos convida a fazer parceria com ele e proferir sua bênção sobre os outros. Essa bênção pública era um privilégio e responsabilidade dos sacerdotes no encerramento de cada dia de sacrifício. A bênção inaugural, que marcava a abertura do tabernáculo, era particularmente espetacular:

> Então, entraram Moisés e Arão na tenda da congregação; e, saindo, abençoaram o povo; e a glória do SENHOR apareceu a todo o povo. E eis que, saindo fogo de diante do SENHOR, consumiu o holocausto e a gordura sobre o altar; o que vendo o povo, jubilou e prostrou-se sobre o rosto. (Lv 9.23-24)

A bênção era a ocasião para que a glória do Senhor fosse brevemente liberada. Assim como com Elias, o Senhor enviou fogo do céu que consumiu a oferta que havia sido colocada sobre o altar; o aroma era sem dúvida doce, e o povo o adorava.

Eis aqui a verdadeira humanidade em exposição: o Senhor abençoa seu povo; em contrapartida, o povo o bendiz ou o adora. A adoração pode tomar a forma de cairmos sobre nosso rosto, cantarmos ou darmos pequenos passos de obediência e amor em nome do Senhor. Qualquer que seja o modo, a adoração é a humanidade em sua forma mais digna e bela.

Então, os sacerdotes se estabeleceram em seus ritmos diários de bênção pública:

> Disse o SENHOR a Moisés: Fala a Arão e a seus filhos, dizendo: Assim abençoareis os filhos de Israel e dir-lhes-eis:
> O SENHOR te abençoe e te guarde;
> O SENHOR faça resplandecer o rosto sobre ti e tenha misericórdia de ti;
> O SENHOR sobre ti levante o rosto e te dê a paz.

> Assim, porão o meu nome sobre os filhos de Israel, e eu os abençoarei. (Nm 6.22-27)

A bênção ganha impulso por meio de três frases. O hebraico original começa com uma bênção de três palavras: "O SENHOR te abençoe e te guarde"; depois, uma bênção de cinco palavras; depois, uma bênção de sete palavras. Cada uma acrescenta mais riqueza à bênção.

"*O SENHOR te abençoe e te guarde*". O salmo 121 amplia essa entrada para a bênção sacerdotal. "O Senhor é quem te guarda" (v. 5). Ele está perto o suficiente para te proteger do sol, sempre desperto, e proteger sua própria vida.

"*O SENHOR faça resplandecer o rosto sobre ti e tenha misericórdia de ti*". O salmo 80 se liga a essa estrofe e a transforma em um refrão: "Restaura-nos, ó Deus; faze resplandecer o teu rosto, e seremos salvos" (vv. 3, 7, 19). O candelabro está em vista, assim como a luz que é característica de sua presença. A bênção é que você conhecerá o resgate dele quando estiver sobrecarregado.

"*O SENHOR sobre ti levante o rosto e te dê a paz*". A bênção final é muito pessoal. O Senhor lhe diz que o enxerga e o ouve. O rosto do pai está voltado para seus filhos. Por seu gentil cuidado, ele endireitará as coisas e dará uma paz profunda e duradoura.

Os sacerdotes provavelmente proferiam essa bênção particular sucinta e calorosa como parte do culto no tabernáculo, como fazem muitos pastores hoje em dia. Você também pode falar essas palavras sobre os outros e tem a liberdade de embelezá-las e personalizá-las, mas você deve abençoar os outros em nome de Jesus. Essa é uma característica de estreia do seu trabalho.

REFLEXÃO

1. Há muito aqui. Tudo isso diz respeito a como podemos nos aproximar do Senhor. O que parece especialmente importante para você?

2. Como você descreveria os ritmos da vida, e como eles guiam a sua vida?

"SEDE SANTOS, PORQUE EU SOU SANTO"

Santo diz respeito primeiro a Deus e sobre como nele todas as coisas são sagradas. Seu amor é santo; sua justiça é santa. O amor e a justiça de Deus são diferentes de tudo o que conhecemos na Terra, mas seu amor e sua santidade não o colocam em uma bolha de quarentena. O refrão em sua casa é: "Santo, santo, santo é o Senhor dos Exércitos; toda a terra está cheia de sua glória" (Is 6.3). Sua santidade se expande. Deus vai cada vez mais longe, alcança a imundícia humana e, em sua santidade, reúne as pessoas. Esse é o seu prazer. Essa santidade, ou separação, é compartilhada conosco para que nos tornemos santos. É um *status* que o Senhor nos concede. Então, com essa mudança de *status*, nós *mudamos*. Praticamos e *crescemos* em santidade, o que traz também uma maior intensidade de proximidade.

> Eu sou o Senhor, vosso Deus; portanto, vós vos consagrareis e sereis santos, porque eu sou santo. (Lv 11.44; também 19.2)

> Para que vos lembreis de todos os meus mandamentos, e os cumprais, e santos sereis a vosso Deus. (Nm 15.40)

Colocado de forma simples, o caminho da santidade é a obediência. Essa obediência é a nossa resposta pessoal a Deus. É a devoção que era expressa por meio do holocausto e de outros sacrifícios. Embora possa parecer quase dolorosa às vezes, como quando nos posicionamos contra as tentações pecaminosas, a obediência é boa. Ela é uma forma de deixarmos de ser meramente humanos e escravos de nossos desejos para sermos plenamente humanos e mais vivos.

A obediência, entretanto, é um meio para atingir um fim. Ela serve ao propósito da nossa comunhão com ele. Esse objetivo de comunhão fica claro com a presença de Deus no jardim (Gn 3.8); com a oração de Jesus, "Eu neles, e tu em mim" (Jo 17.23); e com a nossa consumação na volta de Jesus (Ap 21.1-2). A comunhão ligada à adoração, ao louvor e ao gozo justo é o que buscamos.

Tente isso. Em vez de considerar seu crescimento em Cristo como uma santificação progressiva, que é uma bela expressão para identificar que o crescimento em santidade não vem de uma só vez e, por vezes, esse processo parece bastante lento, pense nisso como uma "proximidade progressiva".[15] O pecado separa, mesmo depois de termos sido santificados. Quando nós nos voltamos do pecado, voltamo-nos para a luz e para a vida, e experimentamos comunhão com uma consciência limpa. As leis de Deus são instruções sobre como estar em um relacionamento com ele. Isso se reflete em todas os nossos relacionamentos humanos, pois existem regras em um relacionamento que, quando seguidas, o protegem e o encaminham para uma maior intimidade.

Essa comunhão com o Senhor é básica para proclamar "as virtudes daquele que vos chamou das trevas para a sua maravilhosa luz" (1Pe 2.9). A imagem aqui não é tanto que tenhamos estado em uma prisão escura e que finalmente podemos sair ao sol e ao ar fresco. É que fizemos escolhas que nos levaram ao confinamento solitário e vivemos com um sentimento permanente de alienação pessoal de tudo o que é bom. A esse desastre vem o Deus Santo, que é a luz. Ele nos convida a vir até ele, nos aquece e nos conforta em sua presença. De alguma forma, por meio de seu Espírito, nós nos tornamos realmente "coparticipantes da natureza divina" (2Pe 1.4), o que é muito próximo. A proximidade progressiva torna esse crescimento e essa mudança cada vez mais belos, satisfatórios e atraentes.

REFLEXÃO

1. A obediência serve ao propósito de estar perto. Quando viola os votos de casamento, você se afasta de seu cônjuge. Os

---

15 Morales, *Who Shall Ascend the Mountain of the Lord?*, 217.

sacerdotes, dentre todas as pessoas, devem ser capazes de enxergar os objetivos relacionais em sua obediência. Como esses objetivos tornam a obediência a Cristo mais atraente?

2. *Santo* identifica tanto a Deus quanto a nós. Como você descreveria essa característica?

NO TRIBUNAL DE DEUS

Como sacerdotes, somos consagrados por Deus e santificados; depois, crescemos em santidade. Somos trazidos a Cristo e nos tornamos coparticipantes em seus justos caminhos. No entanto, nossas imperfeições estão sempre diante de nós. O pecado continua a fazer parte de nós de tal forma que, em nós mesmos, estamos sempre sujos. Isso, ao que parece, cria um problema. Não é bom ser pecador na presença de Deus.

Os sacerdotes hebreus nos fornecem certo encorajamento. Eles eram oficialmente limpos e poderiam trabalhar na casa do Senhor, mas nenhum deles era perfeito, nenhum era completamente devotado ao Senhor ou inocente em seus pensamentos e suas ações. Nenhum sacerdote jamais descansava em sua própria perfeição. Ele descansava na misericórdia de Deus e na confiança de que aquele que convida pessoas não tão limpas para viverem com ele é quem decide como isso vai acontecer. Uma visão dada a Zacarias fornece mais detalhes sobre isso.

Zacarias recebeu sete visões. A quarta visão, que era a visão-chave, dizia respeito a um sumo sacerdote chamado Josué. A identidade específica desse homem não é importante, pois *nós* somos Josué.

A cena é o tribunal celestial. Houve tempos em que os seres espirituais se reuniam diante do Senhor. A ocorrência inicial foi no Jardim, no qual a aparição de Satanás pode ter sido parte dessa tradição. A menção seguinte desse ajuntamento é em Jó, embora nenhum ser humano estivesse entre eles. Em Zacarias 3, somos novamente levados ao tribunal celestial. Os identificados são Josué, Zacarias, Satanás e o Anjo do Senhor, que é Jesus.

> Deus me mostrou o sumo sacerdote Josué, o qual estava diante do Anjo do SENHOR, e Satanás estava à mão direita dele, para se lhe opor. Mas o SENHOR disse a Satanás: O SENHOR te repreende, ó Satanás; sim, o SENHOR, que escolheu a Jerusalém, te repreende; não é este um tição tirado do fogo? Ora, Josué, trajado de vestes sujas, estava diante do Anjo. Tomou este a palavra e disse aos que estavam diante dele: Tirai-lhe as vestes sujas. A Josué disse: Eis que tenho feito que passe de ti a tua iniquidade e te vestirei de finos trajes. (Zc 3.1-4)

Tudo isso é demasiadamente familiar. Satanás traz suas acusações. Como o Senhor pode permitir que um povo contaminado se aproxime dele? Como Deus pode amar pessoas como nós? Satanás é o promotor que faz seu caso. O caso parece ser promissor, porque o povo foi infiel ao Senhor e tem razões para acreditar que o veredicto será "não meu povo" (Os 1.9).

A resposta do Senhor é rápida e clara. O *acusador* é aquele que é julgado. "O SENHOR te repreende" (Zc 3.2). O Senhor, de fato, havia mandado seu povo embora porque este estava empenhado em se afastar, mas sua intenção sempre foi protegê-lo de seu fogo consumidor. Ele havia feito promessas a Abraão que se cumpririam em Jesus, mas essas realidades podem parecer muito distantes quando a corte está em sessão.

Após a repreensão de Satanás, o Anjo do Senhor se volta a Josué — a nós. Já vimos isso antes no Jardim, por isso podemos esperar que sejamos os próximos na fila de julgamento. Em Gênesis, o Senhor primeiro falou do julgamento da serpente e depois se voltou para Eva e Adão. Mas o juiz revela que ele não é um simples juiz. Ele também é o advogado que vem em nossa defesa. Mais ainda, ele é o nosso advogado-defensor-sacrifício-embelezador que assumirá o fardo de qualificar seu povo para estar com ele.

Embora estejamos ali em trajes imundos, os assistentes celestiais retiram esses trapos e somos vestidos novamente com vestes sacerdotais lavadas. Todos os olhos estão voltados para Jesus. Ele próprio faz tudo isso. Somos testemunhas de seu trabalho. Quando os sacerdotes iam diariamente à bacia do tabernáculo para a limpeza, a água apontava para o que estava para acontecer nesse tribunal divino. Por causa do nome *dele*, e não por causa do nosso valor ou de nossa capacidade inerente, ele nos perdoa e nos limpa.

Tudo isso é tão atraente e convidativo que Zacarias não consegue deixar de dizer algo. "E disse eu: ponham-lhe um turbante limpo sobre a cabeça" (v. 5). Ele queria ver o equipamento completo, que incluía o turbante com sua placa de ouro inscrita "Santidade ao SENHOR" (veja Êx 28.36). Na visão de Zacarias, a placa é representada como um selo real, tendo a expressão "Santidade ao SENHOR" como seu significado implícito.[16] É sobre esse selo, que o próprio Jesus colocou sobre nós, que ele dirige seu olhar e nos torna destinatários de seu favor.[17]

Nessa visão, o caráter do Senhor está em uma exibição mais completa. Ele não está dividido entre amar as pessoas e consumi-las em sua ira. Em vez disso, Deus determinou que estamos com ele e que está sempre inclinado a lavar e perdoar aqueles que se voltam para ele. Seguindo o exemplo de Zacarias, somos encorajados a nos aproximar. Assim, ouvimos o chamado do Senhor que precede essa visão: "Convertei-vos, agora, dos vossos maus caminhos" (Zc 1.4). Quando somos tentados a pensar que estamos muito sujos para retornar, somos lembrados de que ele lava as nossas vestes. Esse nunca foi o nosso trabalho, e ele tem prazer em fazer isso. A vergonha não é motivo para nos desviarmos.

---

16 Esse selo reaparecerá em Ap 7.3; 14.1; 22.4.
17 Veja Meredith Kline, *Glory in Our Midst: A Biblical-Theological Reading of Zechariah's Night Visions* (Eugene, OR: Wipf & Stock, 2001),122-23.

No entanto, estamos testemunhando algo ainda mais profundo. Esse embelezamento significa que começamos a parecer-nos cada vez mais com o próprio Deus à medida que somos remodelados à sua imagem. A união é melhor quando compartilhamos uma semelhança. Estamos nos tornando verdadeiramente humanos, refeitos à imagem do nosso Pai e Criador. Mais ainda, "o que o Anjo divino é visto fazendo por Josué na visão, ele faria mais tarde como o Servo-Filho encarnado".[18] Jesus é o ramo real mencionado no final da visão de Zacarias. Quando ele vier, "tira[rá] a iniquidade desta terra, num só dia" (3.9), e tudo mudará. "Naquele dia, diz o SENHOR dos Exércitos, cada um de vós convidará ao seu próximo para debaixo da vide e para debaixo da figueira" (3.10). Em Jesus, conhecemos a santidade e a paz.

REFLEXÃO

1. Quando você precisa acusar seu acusador? Quando as acusações de Satanás contra você são especialmente eficazes? De que forma você pode virar a mesa e acusá-lo? O selo pode ajudar.

2. Isaías 61.10 nos dá uma resposta adequada. É possível que você tenha lido isso antes, mas cada leitura sucessiva se tornará mais rica e mais completa. As vestes sacerdotais refletem a glória de Deus e são a prova de que ele resgatará seu povo. São as mesmas vestes que mais tarde serão usadas

---

18 Kline, *Glory in Our Midst*, 127.

para um casamento no qual Deus e seu povo estarão completamente unidos.

> Regozijar-me-ei muito no SENHOR,
>   a minha alma se alegra no meu Deus;
> porque me cobriu de vestes de salvação
>   e me envolveu com o manto de justiça,
> como noivo que se adorna de turbante,
>   como noiva que se enfeita com as suas joias.
> (Is 61.10)

UM INTERLÚDIO TUMULTUADO

As sortes dos sacerdotes e do templo estavam ligadas entre si. O que acontecia a um, acontecia ao outro também. Os sacerdotes raramente acertavam. Uma vez que Israel se estabeleceu em Canaã, eles tinham uma tolerância duradoura para a idolatria, então não era de se surpreender que o templo tivesse seus problemas. A certa altura, os filisteus levaram a arca da aliança, que era a peça de valor mais central da casa de Deus.

No entanto, a influência dos sacerdotes cresceu quando Salomão completou o magnífico templo em Jerusalém (1Re 6-7; 2Cr 2-7). As dimensões desse templo eram mais que o dobro das do tabernáculo original. O ouro estava em toda parte, o número de trabalhadores se multiplicou, e a adoração incluía procissões de dançarinos, músicos e cantores. Os salmos começaram a receber sua forma atual quando o rei Davi se tornou o letrista proeminente para a adoração do templo. Seus salmos eram destinados aos cultos da manhã e da noite, e são melhor lidos tendo o templo em vista. Tudo era requintado, pelo menos no exterior. No entanto, o relato no livro de Reis sugere que nem tudo estava bem:

- Salomão gastou mais tempo e dinheiro com sua própria casa do que com a casa do Senhor.
- Salomão colocou um estrangeiro para supervisionar o trabalho, e esse estrangeiro era pago com cidades israelitas.
- Salomão forçou os hebreus a trabalharem, o que é peculiarmente semelhante aos velhos senhores egípcios.
- Salomão tomou liberdades com dimensões e materiais de móveis, fazendo com que o tabernáculo pendesse na direção dos templos pagãos daqueles dias.[19]

Se você olhar com atenção, a história tende para a entropia. A presença de Deus é menos intensa, menos concentrada. A glória e a presença do Senhor repousaram no novo templo (1Re 8.10-11; 2Cr 7.1-3), mas a adoração de ídolos, tacitamente aprovada por Salomão, foi seguida por uma guerra civil e um reino dividido. Uma longa linhagem de reis corruptos e sacerdotes idólatras enfraqueceu Israel até que o reino do norte de Israel foi destruído pela Assíria, e não ouvimos mais falar dessas tribos. Enquanto isso, o reino do sul, o lar de Jerusalém e o templo, acabou sendo saqueado e destruído pelos babilônios em 586 a.C. Essa destruição foi uma grande tragédia nacional, mas

---

19 Veja J. Daniel Hays, *The Temple and the Tabernacle: A Study of God's Dwelling Places from Genesis to Revelation* (Grand Rapids, MI: Baker, 2016), 63-103.

foi espiritualmente anticlimática. Ezequiel já havia previsto esses eventos; a deportação do povo para o exílio começara e Ezequiel havia testemunhado a glória e a presença de Deus que já se apartara do templo (Ez 10.18). Quando os babilônios entraram no Santíssimo Lugar, não havia nenhuma nuvem da presença de Deus, e ela não voltaria a habitar o templo de Jerusalém.

Cerca de cinquenta anos mais tarde, quando a Pérsia derrotou a Babilônia, o Senhor moveu Ciro, o rei da Pérsia, para enviar muitos exilados de volta a Jerusalém a fim de reconstruírem o templo. De uma forma que lembra muito o êxodo do Egito, Deus os enviou com os itens que Nabucodonosor da Babilônia havia saqueado do templo, e os vizinhos se tornaram generosos em seus presentes para os exilados que retornavam.

Os trabalhos no segundo templo haviam começado. A reconstrução sob Zorobabel correu bem no início, mas a oposição dos residentes levou a uma ordem judicial para parar a construção (Ed 1-4). Dez anos mais tarde, por causa da insistência do profeta Ageu, a obra foi concluída. Esdras e Neemias logo voltariam para liderar e completar os muros da cidade.

Estava se tornando óbvio que a independência naquela região do mundo era difícil de ser alcançada. Israel existia em uma rota comercial crítica que ligava três continentes. Como resultado, as nações competiam por controle, o que renderia um fluxo constante de impostos e outras receitas.

O Império Persa deu lugar a Alexandre, o Grande, cuja morte precoce deixou seus generais brigando pelo poder. Dois desses generais — Ptolomeu ao sul, no Egito, e Seleuco ao norte, na Síria — disputaram a área do meio da Palestina por décadas até que o rei Seleuco Antíoco Epifânio assumiu o controle de Jerusalém (168 a.C.). Ele nomeava sacerdotes de acordo com os lances mais altos, e em um ataque de fúria sobre a intromissão romana, descontou sua ira em Jerusalém derrubando seus muros, massacrando residentes, trazendo prostitutas para o templo e, finalmente, reivindicando o templo para Zeus, sacrificando porcos no altar. Isso foi, sem dúvida, pior do que a destruição do templo pela Babilônia e é frequentemente identificado como "a abominação desoladora" (Dn 12.11).

Muitos judeus toleraram essas mudanças. Alguns, no entanto, se mantiveram firmes. Matatias, um asmoneu ou descendente de Asmon, iniciou uma revolta que continuou com seus filhos. Estes eram conhecidos pelo nome de macabeus, ou "martelo". Por meio de várias batalhas, e com a ajuda ocasional de outros países, Judas Macabeu capturou Jerusalém e reconsagrou o templo (164 a.C.), um evento comemorado na celebração de Hanuká.

Mais tarde, os asmoneus forjaram tratados e prestaram homenagem aos países vizinhos, mantendo também algum poder político e religioso. Eles acabaram combinando os papéis de sumo sacerdote e rei regional, o que não agradou a alguns do povo. Foi então que fariseus e saduceus começaram a aparecer como rivais políticos, com os fariseus considerando-se os verdadeiros guardiões das tradições hebraicas. Os fariseus ficaram ofendidos com esse duplo papel de rei e sumo sacerdote e pressionaram a favor da separação dos papéis. Os dois partidos eventualmente levaram a uma liderança dividida, e a guerra civil que veio em seguida introduziu um conselheiro inteligente chamado Antípatro.

Antípatro, natural da Idumeia, tinha sido forçado a converter-se ao judaísmo quando sua região foi anexada ao reino asmoneu, e ele mesmo tinha trabalhado em uma posição de poder. Idumeia era o nome do Edom bíblico, que pode ser traçado de volta a Esaú. Assim, dadas as tensões profetizadas entre Esaú e Jacó, é de se esperar que as coisas não corram bem (Gn 27.39-40).

O filho de Antípatro, Herodes, o Grande, foi uma versão mais impiedosa de seu pai. Ele tomou uma segunda esposa, que era parente dos asmoneus, o que lhe deu a percepção de legitimidade como parte de uma linha real. Por meio de suas relações com Roma, Herodes recebeu o título de "rei dos judeus", terminando a era asmoniana em 37 a.C. e iniciando o período herodiano sob supervisão romana. Se houvesse relativa paz na região e se o dinheiro fosse enviado para Roma, ele poderia fazer quase o que quisesse, e ele estava contente em tornar-se muito rico.

Herodes era um mestre construtor, que era uma forma de procurar ter seu nome honrado. Entre seus projetos estavam uma imensa plataforma de templo, que está lá ainda hoje, e enormes melhorias no segundo templo, que não mais existe. O próprio templo ecoava o esplendor de Salomão, pois literalmente brilhava como o sol sobre Jerusalém. Milhares de sacerdotes e levitas faziam rotação para a execução dos deveres do templo, e as nações se reuniam ali. No entanto, por dentro, havia decadência espiritual, e o Santíssimo Lugar do templo estava vazio.

Herodes também é conhecido como aquele que ordenou a morte de meninos bebês como uma forma de proteger seu trono contra Jesus, o Messias vindouro.

Agora, muitas das peças estão no lugar para o período do Novo Testamento:

- Apareceram as sinagogas. Com as pessoas dispersas e a adoração no templo interrompida, o povo viu as sinagogas como uma forma de se reunir sem os sacerdotes e sem o templo.
- Os sacerdotes eram espiritualmente pouco confiáveis. Alguns deles estavam interessados em consolidar o poder e a riqueza; outros eram pessoas piedosas que buscavam a Deus.
- Os sacerdotes estavam mais interessados em manter a identidade judaica do que em ser capazes de discernir o pecado e ser uma luz para o mundo.

Em tudo isso, havia razões para ter esperança. O Senhor ainda fez aparições em seu santuário (Lc 1.11) — ele nunca foi dependente da presença da arca. E Israel ainda procurava um libertador do domínio de Roma, o opressor tal qual o Egito.

REFLEXÃO

Se notarmos algo nessa história, veremos que o Senhor está acostumado a entrar em situações muito confusas para as quais ele não é convidado, mas continua sendo fiel às suas promessas.

PARTE 2

JESUS, NOSSO TABERNÁCULO

Descer
Sangue
Cordeiro
PERTO
Casamentos
Toque
Ascender

O SANTO DESCE

Quando Jesus veio até nós em corpo humano, a história sacerdotal convergiu nele. Mais precisamente, a história sacerdotal e cada detalhe do tabernáculo convergiram nele. Toda nossa identidade sacerdotal logo seria assimilada na dele.

Embora seu nascimento tivesse mais evidência de humildade do que glória, o Evangelho de João começa de forma grandiosa: "No princípio era o Verbo, e o Verbo estava com Deus, e o Verbo era Deus" (Jo 1.1). Do caos à vida: foi isso que aconteceu no início, e foi isso que aconteceu em Jesus. Jesus é o Deus criador, a vida, a luz, e ele veio para recriar um mundo que está se desvendando. Sua vinda não foi um mero pairar. Foi uma inserção total. A luz e a vida entraram em nossa terra, e suas palavras bem como sua obra levarão a criação ao estado que lhe foi pretendido.

Ele desceu uma escada, ou uma escadaria. A escada já havia aparecido antes, durante um período de problemas na vida de Jacó. Quando ele viu uma escada, "os anjos de Deus subiam e desciam por ela", enquanto o Senhor ficou acima dela e falou (Gn 28.12-13). As palavras do anjo estavam cheias de promessas e conforto, e Jacó renomeou o lugar como um santuário de Deus, que foi um precursor do primeiro tabernáculo oficial.

Seu ministério público começou na Galileia, onde ele reuniu discípulos — André, Pedro e Filipe entre eles. Filipe rapidamente compartilhou a notícia sobre Jesus com Natanael, que inicialmente estava cético de que o Messias poderia vir de Nazaré, mas mesmo assim ele se aproximou de Jesus. "Ao ver Natanael se aproximando, disse Jesus: 'Aí está um verdadeiro israelita, em quem não há falsidade'". (Jo 1.47; NVI). O trecho "Não há falsidade" se refere ao caráter de Natanael. Também faz alusão a Jacó, cujo nome significava enganador (Gn 27.35-36). Então Jesus revelou o quanto havia mudado desde que Jacó testemunhou a escada. Jesus disse: "Em verdade, em verdade vos digo que vereis o céu aberto e os anjos de Deus subindo e descendo sobre o Filho do Homem" (Jo 1.51).

A escada em si era a mesma. Os anjos andavam livremente entre dois reinos. O que era diferente era que Deus, uma vez visto no topo da escada, estava agora na terra. O Senhor — o Filho do Homem, o Ancião de Dias, Jesus, o Cristo — desceu com toda humildade e amor. Essa sempre foi sua intenção. Na fraqueza de um bebê, ele abriu mão do poder. Ele veio até nós, e a distância entre o céu e a terra foi recalibrada para sempre.

REFLEXÃO

1. Jesus desceu a escada para poder colocar sua tenda entre nós (Jo 1.14).[20] A tenda é uma referência ao tabernáculo original. Deus tinha vindo em carne e osso para habitar, de uma vez por todas, com seu povo, o que levanta questões sobre o destino do templo de Herodes em Jerusalém. Com a vinda de Jesus, a proximidade de Deus foi intensificada. A descida de Jesus lhe garante que Deus está comprometido a estar perto de nós e a nos aproximar dele?

2. Jacó era um enganador; Natanael não tinha falsidade. Eles representam o pior e o melhor, mas o Senhor se aproximou dos dois. Alguma vez você chegou a pensar que é a exceção e que Jesus está relutante em aproximar-se de você? Se sim, de que forma você contesta essa mentira?

---

20 A passagem em João é literalmente traduzida para a língua portuguesa como "habitou entre nós" (versão ESV), "assumiu residência" (versão HCSB) e "moveu-se para a vizinhança" (The Message).

JESUS, NOSSO CORDEIRO PASCAL

O destino dos sacerdotes está ligado ao destino do templo deles. Em 70 a.D., o templo em Jerusalém foi arrasado pelos exércitos romanos — bem como os registros da linha sacerdotal, destruídos com ele — e não foi reconstruído desde então. João escreveu seu Evangelho por volta de 90 a.D.; os outros Evangelhos foram escritos antes de 70 a.D. Portanto, tanto João quanto seus leitores conhecem a revolta semelhante à dos macabeus, que despertou a ira romana no ano 66 a.D. Eles sabiam que, em resposta, a fúria de Roma caiu sobre a cidade, e Roma saqueou e destruiu o templo. Muitos tinham parentes e amigos entre os milhares de cidadãos mortos.

Depois disso, os sacerdotes tiveram que se perguntar o que a destruição do templo significava para a vida e a adoração deles. Como Deus estaria presente com seu povo uma vez que sua casa não estava mais de pé? O que aconteceria com o sacerdócio? Quando o povo de Deus se aproximava do templo, eles tinham que estar purificados. Os sacerdotes faziam suas purificações cerimoniais no terreno do templo. O resto do povo foi para as grandes piscinas localizadas perto dali. Sem um templo, a purificação parecia irrelevante — por que se preocupar em ser purificado quando não havia casa de Deus da qual se aproximar? Talvez, porém, houvesse outro tipo de purificação disponível.

O Evangelho de João nos apresenta rapidamente a outro João, João Batista. Ele foi designado para ir à frente do Rei e dizer a todos que se preparassem para a sua chegada (Ml 4.5). Eles deveriam se preparar confessando o pecado, abandonando-o e expressando seu arrependimento no batismo. Esses passos eram a maneira de cumprimentar o Rei vindouro. Eram uma expressão adequada da purificação de alma mais profunda que estava por vir, e para tanto não era preciso ir ao templo ou às suas piscinas. Isso apontava o caminho para o que tinha sido a esperança o tempo todo:

> Então, aspergirei água pura sobre vós, e ficareis purificados; de todas as vossas imundícias e de todos os vossos ídolos vos purificarei. (Ez 36.25)

João Batista também batizou Jesus (Jo 1.32). O seu batismo, no entanto, não foi para perdão de pecados. Mais provavelmente, foi a consagração de Jesus como sacerdote de Deus (Êx 29.4). O evento foi tão importante que todos os quatro Evangelhos o incluíram, e foi tão importante que cada texto identifica a presença do Espírito e do Pai com o Filho.

Essa é a aparição mais óbvia do Deus trino na Escritura. Desde toda a eternidade, Deus esteve próximo em si mesmo. O Pai, o Filho e o Espírito compartilhavam a mais intensa proximidade e amizade. Por razões que nunca compreenderemos plenamente, Deus sempre planejou trazer a humanidade crente a essa proximidade divina, e ele o faria através do Cordeiro.

João Batista apresentou o Rei desta forma: "Eis o Cordeiro de Deus, que tira o pecado do mundo!" (João 1.29). No dia seguinte, João estava com dois de seus discípulos e viu Jesus caminhando — uma alusão ao Deus que caminhava com seu povo no Jardim, no tabernáculo, e aqui, pessoalmente, face a face. Ele disse novamente: "Eis o Cordeiro de Deus" (Jo 1.36). Uma vez que o apóstolo que escreveu essas coisas estava interessado em evidências e testemunhas, ele acrescenta que os discípulos ouviram isso e seguiram Jesus.

Jesus é o criador e o rei, a luz e a vida. João já havia mencionado esses atributos. Jesus, porém, escolhe ser conhecido como o Cordeiro de Deus, o que chama nossa atenção para a Páscoa. A Páscoa é incorporada ao que geralmente é chamado de Festa dos Pães Asmos, que tem a duração de sete dias. É a primeira das festas de Israel, tanto em sua história quanto em seu calendário. As festas que se seguem à Páscoa baseiam-se nessa obra salvadora de Deus e nesse primeiro chamado corporativo a oferecer um animal sacrificado. O Dia da Expiação é uma versão ampliada da Páscoa.

A história é bem conhecida. Ela data de antes de haver um templo, quando o povo ainda estava no cativeiro egípcio e o Faraó recusou-se a deixá-los ir. Como parte do resgate do povo, os chefes de família agiram como sacerdotes e sacrificaram um cordeiro ou um jovem cabrito. O sangue foi aspergido nas ombreiras da porta da família, e o animal foi comido pela família e por convidados. Quando o Senhor viu o sangue, ele passou por cima da casa, ou melhor, ele pairou e guardou a casa. Deus estava presente com seu povo e lhe deu vida. Cada casa manchada de sangue funcionava como um lugar sagrado, e o próprio Senhor permaneceu de guarda contra qualquer sinal de morte. Entretanto, ele não protegia as casas sem a marcação do sacrifício do animal. O homem só pode ser poupado por meio do sangue.

Em Jesus, a Páscoa e o seu banquete encontram sua expressão mais completa. Ele é a razão para o resgate de Israel. As casas foram protegidas em honra de seu sangue que mais tarde seria derramado. Jesus é o Cordeiro Pascal, e o próprio Deus foi quem forneceu o cordeiro. Jesus é o Cordeiro de Deus.

Abraão apontou para essa verdade quando Isaque estava prestes a se tornar o cordeiro de Abraão, mas ele recebeu, ao invés disso, o carneiro pertencente a Deus e dado por Deus. Todos os sacrifícios que Israel já fez apontam para Jesus, porque tudo pertence ao Senhor, e ele providenciou os animais do sacrifício para o povo. Jesus, no entanto, *é* o Cordeiro de Deus. Se havia alguma dúvida sobre isso, João nos diz mais tarde que Jesus foi levado à crucificação durante "o dia da Preparação" ao mesmo tempo em que os cordeiros da Páscoa estavam sendo abatidos (Jo 19.14), e, assim como os cordeiros pascais, seus membros não foram quebrados (Êx 12.46; Jo 19.33).

O mundo está sendo renovado, e o templo é onde a renovação começou. A renovação não começou com o reavivamento entre os sacerdotes ou com Jesus instituído como sumo sacerdote. Ela começou com o sacrifício perfeito, suprido pelo próprio Deus, oferecido gratuitamente pelo Filho. Se Jesus fosse simplesmente um sacerdote melhorado, ele teria restaurado a adoração e o ensino corretos no templo, e as práticas do dia a dia teriam continuado. No entanto, uma vez que Jesus é o Cordeiro, não há mais necessidade de sacrifícios no templo, e quando a corte celestial está em sessão, Satanás não pode mais levantar acusações legítimas contra os crentes.

REFLEXÃO

1. Há apenas um caminho, e é por meio do Cordeiro de Deus. Isso significa que precisamos falar sobre esse Cordeiro de uma forma que seja compreensível a todos. Como você descreveria para um vizinho esse caminho do Cordeiro de Deus?

INTERROMPIDO POR UM CASAMENTO

João Batista e o Cordeiro de Deus foram apresentados. Agora o cerne do Evangelho de João pode começar, e ele começa assim: "Três dias depois, houve um casamento em Caná da Galileia" (Jo 2.1).

Somos trazidos para um casamento em andamento, no terceiro dia — mas no terceiro dia do quê? Talvez João queira dizer, no terceiro dia *de* uma celebração de casamento. Os casamentos duravam rotineiramente uma semana, e Jesus foi generoso com um anfitrião de casamento despreparado e transformou água em vinho. A compaixão de nosso Sumo Sacerdote estava em exposição. Mas João estava sempre buscando realidades espirituais mais profundas, por isso procuramos mais significado. No terceiro dia, após a ressurreição do Cordeiro de Deus, houve um casamento, e a celebração começou. João está contando a história em retrospectiva. Sua estratégia é começar com a morte e a ressurreição do Cordeiro de Deus e trazer tudo para esse evento.

O método que João emprega para registrar melhor esse casamento está ancorado na Páscoa:

- Dia 1: Jesus é crucificado na sexta-feira, o dia da preparação para a Páscoa.
- Dia 2: Jesus "descansa" no túmulo no sábado, o Shabbat.
- Dia 3: Jesus é ressuscitado no domingo, o primeiro dia da semana.

A água de purificação era necessária tanto na Páscoa quanto nos casamentos. No casamento do qual Jesus participou, havia seis jarros de 113 litros usados para purificação, e ele os escolheu como idealmente adequados para seu propósito: transformar essa água de purificação em vinho. O vinho, na época em que João escreveu, estava associado ao novo pacto no sangue de Jesus (1Co 11.25). Em outras palavras, a água de purificação, que tinha de ser usada diariamente, foi substituída pelo sangue de Jesus, que lava de uma vez por todas. Embora essa mensagem não estivesse disponível para aqueles que estavam na celebração do casamento, ela era evidente para os leitores em 9 a.D. e é evidente para nós.

Aqui está a mensagem: a destruição de nosso templo ainda ecoa. A dor persiste. Alguns se perguntam: o que Deus está fazendo? A resposta é que temos os benefícios de um templo em pleno funcionamento, além de muito mais. Nosso resgate e nossa purificação são agora encontrados no sangue de Jesus, nosso Cordeiro Pascal. Sempre soubemos de que precisávamos do melhor cordeiro dado por Deus. Agora, tendo crido no Filho — plenamente humano e plenamente Deus — não mais somos separados dele por muros e cortinas. Em vez disso, nós estamos com ele e ele está conosco. Somos sacerdotes juntos, e temos acesso ilimitado ao Santíssimo Lugar. A proximidade tornou-se tão intensa que poderia ser descrita como a união de uma noiva com seu noivo. Assim, em Cristo, podemos ter alegria hoje.

No entanto, há mais. A literatura hebraica é geralmente mais estruturada do que aparenta ser inicialmente. Um floreio estilístico é poder dobrar um livro ao meio e ter as metades mais ou menos iguais entre si. Se um tema é importante no início, ele será repetido no final. Se a expressão "no terceiro dia" for importante, ela deve ter seu análogo no final do livro, e de fato isso ocorre.

"No primeiro dia da semana [...]" — é assim que João termina seu relato (Jo 20.1). Isso é o mesmo que "o terceiro dia", mas o método de contagem de João mudou da Páscoa, pegando sua deixa a partir dos sete dias da Criação, que também moldaram seu Evangelho.

- Dia 6: Adão e Eva foram criados; Jesus é revelado como "o homem" (Jo 19.5), o segundo Adão, em sua crucificação.
- Dia 7: Deus descansa; Jesus "descansa" no Shabbat.

+ Dia 1: A recriação começa. A luz nasce. Jesus inaugura a nova criação com sua ressurreição, e a caminhada mais íntima nos aguarda.

Este, escreve João, é um novo dia. A Páscoa finalmente alcançou o seu verdadeiro significado no sacrifício do Cordeiro de Deus. O templo, e sua promessa da presença de Deus, deu lugar à imagem do casamento. Somos sacerdotes reais e somos sacerdotes noivas. A proximidade sacerdotal com Deus não pode capturar a intimidade que tem sido o objetivo de Deus para conosco, então a Escritura está fundindo outra identidade. Ela não é nova. O primeiro casamento no Jardim espelhava os caminhos de Deus com seu povo. "Como o noivo se alegra da noiva, assim de ti se alegrará o teu Deus" (Is 62.5).

Tendo em mente essa identidade acrescentada, é claro que a santidade não é nosso objetivo. Ela é um meio para atingir um fim. Deus nos torna santos e crescemos em santidade; ambos servem ao propósito da nossa comunhão com ele. Esse objetivo de comunhão é claro a partir da presença de Deus no Jardim (Gn 3.8); da oração de Jesus, "Eu neles, e tu em mim" (Jo 17.23); e de nossa consumação quando Jesus voltar (Ap 21.1-2). Companheirismo, ligado à adoração, ao louvor e ao puro prazer, é o que buscamos.

Tudo isso depende da proximidade dele e do convite que ele faz para nos aproximarmos. Quando somos verdadeiramente humanos, isso é o que queremos. As leis de Deus, no seu melhor, são instruções sobre como estar em um relacionamento com ele. Como em qualquer relacionamento, quanto mais seguimos as regras do relacionamento — fidelidade sexual, veracidade, servir em amor —, mais conhecemos a intimidade e o prazer.

REFLEXÃO

1. Jesus é a sua Páscoa. O que isso significa para você?

2. Jesus é o autor da nova criação. Como você descreveria isso, especialmente quando tantas coisas na terra parecem estar inalteradas?

JESUS, O TEMPLO

Estamos no Evangelho de João. O templo está à vista. O calendário parece estar preso na Páscoa.

> Estando próxima a Páscoa dos judeus, subiu Jesus para Jerusalém. E encontrou no templo os que vendiam bois, ovelhas e pombas e também os cambistas assentados; tendo feito um azorrague de cordas, expulsou todos do templo. (Jo 2.13-15)

A plataforma do templo era uma vasta extensão. O templo em si e seus pátios eram murados e reservados para os israelitas. Aos gentios era permitida a entrada em um grande pátio que ficava além desses muros. Foi nessa área, aberta a todos os adoradores, que Jesus confrontou aqueles que vendiam animais de sacrifício e trocavam moedas estrangeiras.

O problema parece ter sido que o comércio interferia no culto dos gentios. O templo pretendia ser uma luz para as nações, e as pessoas estavam sendo mantidas afastadas. O local de adoração se tornara um mercado. Da mesma forma que Jesus se irou quando as crianças foram afastadas dele, ele também se irou quando as nações foram impedidas de buscar o Senhor.

Mas é a próxima parte dessa história que chama nossa atenção. Quando os judeus perguntaram sobre sua autoridade para agir de tal forma, a resposta de Jesus revelou que sua morte e ressurreição sempre foram seu plano:

> Destruí este santuário, e em três dias o reconstruirei. Replicaram os judeus: Em quarenta e seis anos foi edificado este santuário, e tu, em três dias, o levantarás? Ele, porém, se referia ao santuário do seu corpo. (Jo 2.19-21)

Jesus não estava falando em parábolas aqui. O magnífico templo de Jerusalém, reconstruído por Herodes, seria destruído, mas o *Templo* — o próprio corpo de Jesus — não seria destruído, e sim ressuscitado dos mortos para ser o templo vivo, e nós nos juntaríamos a ele.

> A pedra que os construtores rejeitaram, essa veio a ser a principal pedra, angular; isto procede do Senhor e é maravilhoso aos nossos olhos. (Mt 21.42)

Jesus *é* o templo, escreve João. As sinalizações de Deus sempre apontaram para Jesus. O templo é uma cópia; Jesus é o original. A adoração está agora centrada nele. Seu corpo e seu sangue tornaram-se nosso caminho para passar pelo véu que isolava o Santíssimo Lugar. Se você quiser ver algo mais magnífico do que o templo cintilante que uma vez esteve sobre toda Jerusalém, olhe para Jesus.

REFLEXÃO

Se há algo tornando-se claro é que o Filho foi apresentado de uma forma que mostra como a história humana e nossa identidade pessoal estão encerradas nele.

> [O Pai] pôs todas as coisas debaixo dos pés [de Jesus] e, para ser o cabeça sobre todas as coisas, o deu à igreja, a qual é o seu corpo, a plenitude daquele que a tudo enche em todas as coisas. (Ef 1.22-23)

Jesus é a Páscoa. Agora Jesus é o templo. Que diferença isso faz para você?

JESUS,
O SUMO SACERDOTE

O templo e todos os seus móveis e sacrifícios eram cópias ou imagens de Jesus. Os sacerdotes também são à imagem de Cristo. Quando o apóstolo João recebeu "a revelação de Jesus Cristo" (Ap 1.1), Jesus está em sua casa santa, junto ao candelabro dourado e vestido com vestes sacerdotais (Ap 1.12-13). Mas Jesus raramente é identificado como o sumo sacerdote no Novo Testamento porque, na verdade, ele vem de uma linha diferente de sacerdotes.

A linhagem era muito importante para os sacerdotes, especialmente para os sumos sacerdotes. Jesus, porém, era de Judá, não de Levi e Arão. Ele tinha reis em sua linhagem, mas não sacerdotes. Por isso, Hebreus 7 defende que Jesus, de fato, tem uma linhagem. Ele veio da ordem mais exaltada de Melquisedeque:

O SENHOR jurou
  e não se arrependerá:
  Tu és sacerdote para sempre,
    segundo a ordem de Melquisedeque. (Sl 110.4)

O nosso sumo sacerdote é da terra. Jesus, tal como Melquisedeque, partilha da nossa humanidade; ele é da terra. Ele experimentou fraqueza e necessidade. Ele conhece a força das tentações que assaltam as nossas almas. Por isso, espere dele doçura e misericórdia. Os sacerdotes começavam o seu dia com sacrifícios pelos seus próprios pecados. Jesus, o sumo sacerdote, não tinha pecado, pelo que não ofereceu sacrifícios pela sua própria purificação, mas ofereceu orações desesperadas ao Pai enquanto a morte o rodeava (Hb 5.7). Por isso, podemos aproximar-nos dele.

Nosso sumo sacerdote é do céu. Somos de linhagem mista, tanto da terra como do céu. O sacerdócio araônico tinha muito da terra, mas pouco do céu, portanto, outra linhagem de sacerdotes era necessária. Melquisedeque era Jesus. Ele era maior do que Arão. O escritor de Hebreus argumenta que Arão, por meio de seu ancestral Abraão, na verdade pagou o dízimo a esse sacerdote maior que era "sem pai, sem mãe, sem genealogia; que não teve princípio de dias" (Hb 7.3).

Nosso sumo sacerdote é nosso rei do céu. Somente ele tem autoridade. Por exemplo, os sacerdotes da época de Jesus tinham aperfeiçoado uma série de leis sobre o que comer e com quem comer. Essas leis se tornaram uma característica significativa da identidade hebraica e eram usadas como prova da superioridade dos judeus sobre os gentios. Uma razão pela qual Jesus foi considerado inadequado para ser o Messias foi que ele ignorou essas leis e comeu com "publicanos e pecadores" (Mt 9.10-11). Nisso ele se revelou como o novo sumo sacerdote que redesenhou os limites do limpo e do imundo. Os limpos eram aqueles que sabiam que eram imundos, vinham a Jesus, criam nele e o seguiam em obediência ao Pai (Mt 15.10-20; Mc 7.18-23).

Jesus não apenas mostra, a partir de sua autoridade, que ele é de Deus; Jesus, nosso sumo sacerdote, é também o Deus que é eterno. Ele veio do céu como parte da linha sacerdotal real de Melquisedeque e entrou de volta aos céus. Enquanto a doença, a idade e a morte davam fim ao trabalho de todos os outros sacerdotes, Jesus é o sacerdote vivo que ofereceu seu próprio corpo como sacrifício único. Ele aspergiu seu próprio sangue no altar e no propiciatório de uma maneira que nossos pecados fossem realmente cobertos por esse sangue aspergido. Então ele se sentou, retirando todo o sistema do templo (Hb 1.3; 10.12). Jesus ainda atua como nosso sumo sacerdote ativo, mas ele está no céu, à direita do Pai, assegurando-nos que o céu, seu próprio lar, é o nosso lar.

A presença de Deus no jardim do Éden, por mais agradável que fosse, eram meras *visitas* das quais Jesus retornava ao céu. O homem estava encravado na terra, sempre no pé da escada. Um mero sumo sacerdote terreno não poderia mudar isso. Era preciso um sumo sacerdote que fosse do céu *e* da terra. Só então poderíamos ser representados pelo ser humano perfeito e trazidos para o céu pelo verdadeiro Deus.

REFLEXÃO

Você está familiarizado com algumas partes de sua árvore genealógica, tais como seus pais e avós. Talvez você possa rastrear sua linha por gerações passadas, mas essa parte biológica de sua identidade foi superada por uma melhor. A "do céu" é agora a principal. Você nasceu de Melquisedeque, nascido de Jesus, nascido de Deus. Sua identidade mais duradoura é que você é descendente de Jesus. Esse foi o ponto crucial da conversa entre Jesus e Nicodemos.

> Em verdade, em verdade te digo: quem não nascer da água e do Espírito não pode entrar no reino de Deus. O que é nascido da carne é carne; e o que é nascido do Espírito é espírito. (Jo 3.5-6)

Você consegue contar sua própria história dessa maneira?

CREIA

Com o templo e seus sacrifícios cumpridos em Jesus, o caminho para ser limpo e estar próximo a Deus é segui-lo.

Em resumo, é crer.

O apóstolo João compilou a evidência, um sinal atrás do outro. Os sinais são "momentos em que o céu e a terra se abrem, quando o poder transformador do amor de Deus irrompe no mundo atual".[21] Os sinais são quando o céu e a terra se encontram, quando a glória de Deus aparece e, como testemunhas dessa glória, nós cremos.

O primeiro sinal foi quando Jesus transformou água em vinho. Nisso ele revelou sua glória — que ele vinha de Deus e que ele era Deus — e "os seus discípulos creram nele" (Jo 2.11).

Outros sinais vieram depois. Jesus curou o filho de um oficial do rei sem nem mesmo vê-lo, e este creu (4.46-54). Ele curou um homem coxo no Shabbat, e a separação se tornou mais evidente entre aqueles que creram e aqueles que

---

21 Tom Wright, *John for Everyone, Part 1* (Louisville, KY: Westminster John Knox, 2004), 21.

não creram (5.1-17). Ele alimentou cinco mil pessoas a partir do almoço de um menino, e muitos creram, embora alguns estivessem mais interessados no pão (6.1-15). Ele curou um homem cego de nascença, e mesmo que um inquérito formal verificasse a cura, os líderes fecharam seus olhos para o sinal. Enquanto isso, o homem que fora cego disse: "Creio, Senhor; e o adorou" (9.38).

O último sinal antes da crucificação, a ressurreição de Lázaro dentre os mortos, estava abarrotado com o chamado para crer:

- A razão da morte de Lázaro foi para que Jesus pudesse revelar sua glória, ou seja, sua própria identidade (11.4).
- Jesus tornou-se muito específico com Marta, a irmã de Lázaro. "Disse-lhe Jesus: Eu sou a ressurreição e a vida. Quem crê em mim, ainda que morra, viverá; e todo o que vive e crê em mim não morrerá, eternamente" (11.25-26).
- Jesus fez uma pergunta específica a Marta: "Crês isto? Sim, Senhor, respondeu ela, eu tenho crido que tu és o Cristo, o Filho de Deus que devia vir ao mundo" (11.26-27).
- Muitos creram, de fato, e foi essa onda de apoio a Jesus que levou a planos específicos para sua morte.

Se há alguma dúvida de que crer é o caminho até a presença de Deus, João resumiu todo o seu Evangelho como um chamado para que creiamos:

> Na verdade, fez Jesus diante dos discípulos muitos outros sinais que não estão escritos neste livro. Estes, porém, foram registrados para que creiais que Jesus é o Cristo, o Filho de Deus, e para que, crendo, tenhais vida em seu nome. (Jo 20.30-31)

Esse foco em crer não era novo. Podemos encontrá-lo também no Antigo Testamento: "Crede no SENHOR, vosso Deus, e estareis seguros" (2Cr 20.20). No entanto, a história de Israel é que eles não creram, apesar da evidência do amor e do poder de Deus. Hoje, porém, é um novo dia com um novo poder que vem do Espírito. Por isso, João quer que ajamos. Agora é o momento.

Esses são apenas alguns dos sinais de que Jesus é aquele que desceu do céu. Todos eles apontam para a glória do Cordeiro morto por nós. Veja os sinais. Ouça as palavras dele. Em seguida, creia. Reconheça quem Jesus afirma ser. Afaste-se de buscar a glória da sua reputação e busque a glória da presença dele. Glorie-se na reputação dele.

João coloca a pergunta diante de nós: "Você crê que ele é o enviado pelo Pai?" Uma simples reação de crer torna-se um sinal, tanto para nós mesmos quanto para o mundo, de que pertencemos à família de Deus por meio de Jesus. Se você crê nele, você pertence a ele. Isso significa que sua linhagem terrena foi usurpada pela celestial. Você é "nascido de novo" ou "nascido do alto" (Jo 3.3). Novamente o casamento captura isso. "Eu creio" é o mesmo que "sim". É uma declaração pública de nossas lealdades. É o anúncio da nossa união com um cônjuge. É o que nos insere na linhagem do nosso noivo. Há muita coisa que acontece com um simples "eu creio".

Crer, no entanto, sempre foi menos estável do que gostaríamos. Nos tempos de João, alguns criam em Jesus, depois se afastaram, para nunca mais voltar. Eles esperavam algo mais do que um salvador crucificado. Eles queriam o terreno, a garantia do pão ou a segurança política, mais do que o celestial, a vida com Cristo em um mundo de incerteza e rejeição. Quando a vida se tornou melhor ou pior, eles não creram. No entanto, outros de fato creram. Eles se sentiram um pouco estremecidos em sua crença e pediram a ajuda de Jesus, e até mesmo os discípulos se afastaram de Jesus quando o medo os atingiu. No entanto, aqueles que creem em Jesus voltam para ele e crescem a partir de seus lapsos ouvindo a palavra dele e lembrando-se dos sinais.

Portanto, a verdadeira adoração está fundamentada em crer no que Deus disse e fez. Esse sempre tem sido o fundamento da vida com Deus. Como disse Jesus à mulher samaritana, não é preciso estar perto de Jerusalém. Ao contrário, você vem a Cristo, a água viva, o tabernáculo vivo. Você vem a ele, a verdade, a encarnação do espírito invisível de Deus que não pode ser contido por um templo.

REFLEXÃO

1. O que você está dizendo quando fala como Marta: "Sim, Senhor, eu tenho crido que tu és o Cristo, o Filho de Deus que devia vir ao mundo"?

2. Considere falar ao Senhor, todos os dias na próxima semana, as palavras de Marta: "Sim, Senhor, eu tenho crido que tu és o Cristo, o Filho de Deus que devia vir ao mundo".

DESCENDO AINDA MAIS

Com o templo móvel na pessoa de Jesus, aprendemos mais sobre Deus e seus caminhos. Mesmo quando as crianças começam a andar, aprendemos mais sobre suas tendências e o que é especialmente importante para elas — escadas, uma pessoa em particular, uma tomada elétrica.

Quando observamos Jesus, os caminhos de Deus se tornam especialmente vívidos. Primeiro, ele desceu. Ele deixou o céu e se acampou na terra:

> Pois ele [Jesus Cristo], subsistindo em forma de Deus, não julgou como usurpação o ser igual a Deus; antes, a si mesmo se esvaziou, assumindo a forma de servo, tornando-se em semelhança de homens; e, reconhecido em figura humana. (Fp 2.6-7)

Sua descida confirma sua promessa de aproximar-se de seu povo. Ele não esperou que nós nos aproximássemos dele.

Ele desceu até nós com gentileza e humildade. Não temos motivos para temer, mas todos os motivos para nos achegar.

Então, a escada foi para onde quer que fôssemos encontrados. Jesus passou pelo presunçoso e arrogante, parou e falou com aqueles que ninguém mais via. Ele parecia comum — rejeitado e sem nada que sugerisse majestade e autoridade real. Aqueles que foram à sua procura tiveram de procurar a pessoa menos provável:

> Não tinha aparência nem formosura; olhamo-lo,
>   mas nenhuma beleza havia que nos agradasse.
> Era desprezado e o mais rejeitado entre os homens;
>   homem de dores e que sabe o que é padecer;
> e, como um de quem os homens escondem o rosto, era desprezado,
>   e dele não fizemos caso. (Is 53.2-3)

Sua glória era aparente àqueles cuja vida diária era cheia de vergonha. Ela era velada para aqueles que não sentiam necessidade de resgate. Foi assim que eles o reconheceram: "os cegos veem, os coxos andam, os leprosos são purificados, os surdos ouvem, os mortos são ressuscitados, e aos pobres, anuncia-se-lhes o evangelho" (Lc 7.22) — ao que acrescentaríamos, aqueles que foram vergonhosamente violados por outros e aqueles cujos pecados pareciam inaceitáveis. De todos esses, Jesus não apenas se aproximou, mas os tocou. Ele tocou em leprosos, cegos, doentes e até mesmo mortos. Ele tocou em crianças que, embora não fossem necessariamente imundas, eram consideradas de pouco valor. Aqueles que foram tocados sabiam que isso não era meramente um sinal de afeto, mas que Jesus se identificava com eles, e essas pessoas sabiam que o toque dele podia dar vida, o que significava que ele anunciava o perdão. Uma vez que a palavra se espalhou, as pessoas que entendiam seu amor e poder estavam tentando tocá-lo.

Duas histórias capturam essa descida íntima. Na primeira, uma mulher cujos pecados eram bem conhecidos na comunidade — uma intocável — veio a um lugar onde Jesus havia sido convidado para uma refeição (Lc 7.36-50). Tendo já compreendido seu toque de perdão, ela naturalmente se aproximou mais. Ela chorou de gratidão até o ponto em que suas lágrimas molharam os pés dele; ela enxugou suas lágrimas com seus cabelos, beijou-lhe os pés e depois ungiu-os com seu unguento. Aquele foi um ato escandaloso para os presentes — ela em toda sua sujeira pegajosa. Mas aquela mulher é elogiada e identificada como alguém que creu e que deveria ser imitada.

A outra história é a de uma mulher que estava longe de Deus por causa de seu sangramento em vez de seu pecado. Em outras palavras, nossa distância de Deus pode ser resultado de nosso pecado ou de qualquer associação com a morte, como uma doença e até mesmo vitimização, na medida em que os abusadores estão ligados a Satanás, que é o poder por trás da morte. Essa mulher estava impura por causa do que lhe havia acontecido (Lc 8.43-48). Ela sabia da reputação de Jesus — pois "[tinha] ouvido a fama de Jesus" (Mc 5.27) —, embora ela mesma nunca tivesse estado próxima a ele. Ela se aproximou dele anonimamente, por trás, confiante de que a missão dele era arrebatar seu povo da morte e trazer vida, e ela estava certa. Um simples toque fez cessar sua impureza.

Jesus usou o momento para revelar o significado mais profundo do que aconteceu. Aquela mulher havia imposto as mãos sobre o Cordeiro de Deus e transferido sua impureza para ele, e o Cordeiro havia dado seu poder e sua vida a ela enquanto ele se deslocava para o deserto carregando o peso do pecado, da vergonha, da doença e de tudo o que estava ligado à morte.

Por que ela? Por que foi ela quem recebeu vida enquanto tantos pressionavam Jesus? Porque ela creu. Ela creu que Jesus era o ungido enviado pelo Pai. Ela precisava dele, e só ele podia dar vida.

Em sua descida, Jesus nos convida a tocá-lo, e podemos ter a certeza de que ele descerá onde quer que estejamos.

Sua descida continuou. Na refeição da Páscoa com seus discípulos, Jesus se tornou o servo que lhes lavou os pés (Jo 13.1-20). Acontece que um requisito para estar perto dele é que você deixe que ele o sirva. Aqui, novamente, o apóstolo João enche de significado um evento. Jesus foi ao mesmo tempo anfitrião e servo. Como anfitrião, ele forneceu para nós a refeição de seu próprio corpo e sangue. Como servo, lavou os pés de viajantes cansados. Ele também lavou os detritos de pecado daqueles que creram.

E a escada foi até a própria morte. O Cordeiro de Deus sempre teve como alvo a morte, o que significa que ele teve como alvo o pecado, Satanás e a morte. Muito de sua descida foi para estar conosco e nós com ele, mas essa descida final ele fez sozinho, por nós, para que nunca precisássemos conhecer a vida sozinhos.

A história de Deus é uma história de descida. Podemos ter perdido isso durante os períodos do tabernáculo e do templo, mas, olhando para trás, vemos que o tabernáculo foi, de fato, a descida de Deus. Ele perseguiu seu povo por quarenta anos em um deserto árduo, nunca deixando-o de lado. O movimento do céu para a terra sempre lhe foi natural.

REFLEXÃO

1. Às vezes podemos acreditar que nossos pecados são muito ruins e que nossa vergonha está além da limpeza ou da cobertura. Como forma de nos prepararmos para esses tempos, considere essas duas mulheres heroicas. Elas foram testemunhas do amor, do poder e da descida de Jesus. Como elas encorajam sua fé em Jesus?

2. Como a descida de Jesus o leva a amá-lo e a adorá-lo?

O CORDEIRO MORTO

Os sacerdotes trabalhavam onde o céu vinha à terra. Desse ponto de vista, eles estavam em condições de compreender os caminhos de Deus no cumprimento de suas tarefas no templo. Tudo estava bem próximo. Se eles tivessem olhos para ver e ouvidos para ouvir, isto era o que eles viam e o que eles sabiam:

- Deus trabalhava por meio de representantes sacerdotais que experimentavam sua purificação e proximidade em nome de todo o povo. Um sumo sacerdote representava o povo no Dia da Expiação. Quando ele entrava nos dois recintos do templo de Deus, o povo entrava com ele. Representantes sacerdotais asseguravam ao povo que a limpeza era possível para todos.
- Deus trabalhava por meio de representantes ou substitutos que experimentavam a sua ira contra a rebelião e o desprezo. Deus aceitava animais como substitutos. Os alimentos poderiam ser oferecidos como ofertas secundárias de agradecimento e de comunhão, mas

somente o sangue poderia cobrir os pecados. "Sem derramamento de sangue, não há remissão [de pecados]" (Hb 9.22).

- O sangue era expressão de vida, e essa vida era derramada, mas não o sangue do povo de Deus. Embora nossos muitos pecados exijam que nossa vida seja derramada, o sangue de um animal permanecia temporariamente no lugar do homem.
- O sangue dos animais não era a palavra final. Eles não poderiam, em última instância, substituir um ser humano, pois não são como os humanos. E o que fariam os sacerdotes quando o templo não existisse mais e eles não tivessem mais nenhuma maneira legítima de sacrificar? Embora fossem gratos pelos animais substitutos, eles sempre souberam que os sacrifícios apontavam para outra coisa.
- O Dia da Expiação estava sempre em vista. Esse era o dia em que o sumo sacerdote entrava no Santíssimo Lugar e cumpria o objetivo da humanidade, que era o de estar com Deus. O sangue era aspergido por todo o tabernáculo como uma forma de dizer que o mundo inteiro precisava de limpeza — Deus estava fazendo mais do que dar uma bênção local ou tribal. Então a oferta pelo pecado acrescentava um bode vivo para ser mandado embora, um substituto exilado para que o povo de Deus pudesse permanecer perto.
- O profeta Isaías viu mais (Is 39-53). O Messias vindouro seria o servo representante do povo e traria

boas notícias, mas seria desprezado. Ele levaria nossos pecados e nossas tristezas sobre si mesmo para que pudéssemos conhecer a paz; ele suportaria a ira de Deus por nós, e seu sangue derramado se estenderia a todas as nações. O povo entendia as palavras "quando der ele a sua alma como oferta pelo pecado" (53.10), mas não tinha precedente para entender como um ser humano tomaria o lugar dos cordeiros e dos touros. A convergência da alta exaltação, da profunda opressão e do sofrimento ao extremo é quase impossível de ser associada pela mente humana.

Toda a criação estava esperando por um novo Adão — um novo sacerdote — para introduzir uma nova criação. Noé foi uma possibilidade, mas falhou. Abraão também foi um candidato, mas morreu, e sua progênie claramente não foi uma nova humanidade. No entanto, Abraão era mais promissor do que parecia. Ele exemplificou a maneira de crer. A perfeição não estava disponível para um mero humano, mas crer na perfeita fidelidade de Deus era possível. Mais difícil de entender era o fato de Deus descer como aquele que era ao mesmo tempo imaculado e desonrado.

Creia que ele é aquele que vem do céu, enviado do Pai — é isso que ele nos pede. Confesse sua necessidade de ajuda e de resgate. Desperte de seu sono, escreveu o apóstolo Paulo.

Jesus era o verdadeiro ser humano, nosso representante adequado, e o verdadeiro Deus, o único que poderia nos dar vida e nos trazer para perto de si no céu. Para que isso acontecesse, ele se uniu a nós, tomou tudo o que estava associado à morte, deu tudo o que estava associado à vida e trouxe nossa morte ao fim que ela merecia.

Assim como Deus tende a fazer, o anúncio de seus caminhos vem de pessoas improváveis.

> Saiu, pois, Jesus trazendo a coroa de espinhos e o manto de púrpura. Disse-lhes Pilatos: Eis o homem! (Jo 19.5)

Pilatos proclamou que Jesus era o homem que iniciava um novo sexto dia no qual uma nova humanidade seria formada ao seu redor e levada ao descanso e à paz de Deus. Tudo o que podemos fazer é concordar — crer — que Jesus é, de fato, o homem e Deus, e que sua morte se torna a nossa paz.

REFLEXÃO

Quando consideramos nossa identidade como sacerdotes, estamos assinalando para entender mais profundamente o significado de: "Jesus morreu pelos meus pecados".

Por que somente Jesus podia morrer em nosso lugar?

Por que ele morreu?

Que diferença faz a morte dele?

O que o apóstolo Paulo estava querendo dizer quando escreveu que estamos "em Cristo"? (Rm 8.1; 1Co 1.30; 2Co 5.17)

JESUS ASCENDE, O ESPÍRITO DESCE

Ninguém previa que Cristo desceria tão longe, até os marginalizados e os impuros, e depois até a própria morte. E ninguém previu que a morte não o deteria. Isso nunca havia acontecido antes. Mesmo quando Lázaro foi ressuscitado da morte para a vida, a morte ainda tinha a última palavra. Mas Jesus havia dito: "Ora, ninguém subiu ao céu, senão aquele que de lá desceu, a saber, o Filho do Homem [que está no céu]" (Jo 3.13). Quem crê nele ascende com ele. Mais tarde, ele foi ainda mais explícito: "O Filho do Homem será entregue nas mãos dos homens, e o matarão; mas, três dias depois da sua morte, ressuscitará" (Mc 9.31).

Houve muitas mortes mais horripilantes do que a morte de Jesus. Houve mais mortes dolorosas e torturas que duraram mais tempo. Mas é a ressurreição que torna a morte de Jesus a mais significativa e densa, com realidades espirituais. O Pai ressuscitou Jesus a fim de autenticar sua aprovação pela obra do Filho. A ressurreição declarou ao mundo que Jesus — e apenas Jesus — é o Filho eterno de Deus, e só ele tem todos os direitos aos reinos celestiais e poder para levar as pessoas a Deus (Rm 1.4).

Ele desceu sozinho, então o Espírito repousou sobre ele e o capacitou durante toda sua vida na terra. Quando subiu, ele não estava de forma alguma sozinho. Deus sempre teve a intenção de ter seu povo próximo, e em Cristo o povo seria trazido até ele:

> Não se turbe o vosso coração; credes em Deus, crede também em mim. Na casa de meu Pai há muitas moradas. Se assim não fora, eu vo-lo teria dito. Pois vou preparar-vos lugar. E, quando eu for e vos preparar lugar, voltarei e vos receberei para mim mesmo, para que, onde eu estou, estejais vós também. (Jo 14.1-3)

Sua ascensão foi anunciada pela primeira vez a Maria, quando ele apareceu a ela no túmulo. "Recomendou-lhe Jesus: Não me detenhas; porque ainda não subi para meu Pai, mas vai ter com os meus irmãos e dize-lhes: Subo para meu Pai e vosso Pai, para meu Deus e vosso Deus" (Jo 20.17). Talvez Jesus estivesse dizendo que sua estadia com ela seria temporária, pois ele acabaria ascendendo e não voltando. Então, durante quarenta dias, ele parecia mover-se livremente entre o céu e a terra, ensinando, comendo e "falando das coisas concernentes ao reino de Deus" (At 1.3).

Jesus ascende, o Espírito desce

Após quarenta dias, Jesus ascendeu para preparar um lar para seu povo, para não voltar até sua vinda final. Ele ascendeu ao trono que estava sobre todos os usurpadores demoníacos. Satanás e seus cúmplices sempre tiveram a morte como prova de seu poder. A morte física e nossos temores da morte eram um resumo da província de Satanás, que incluía tudo o que estava ligado a ela, tal como o pecado, a vitimização, a doença, o ódio e todas as coisas contrárias a Deus. Quando Jesus venceu a morte, ele venceu tudo isso. Esse foi o início da criação sendo trazida de volta à sua devida cabeça para que nada nos separasse de Deus. Em vez de o céu e a terra terem um mero ponto de contato, o céu encheria toda a terra em Jesus:

> [...] exerceu [o Pai] em Cristo, ressuscitando-o dentre os mortos e fazendo-o sentar à sua direita nos lugares celestiais, acima de todo principado, e potestade, e poder, e domínio, e de todo nome que se possa referir não só no presente século, mas também no vindouro. E pôs todas as coisas debaixo dos pés e, para ser o cabeça sobre todas as coisas, o deu à igreja. (Ef 1.20-22)

O ato final de sua ascensão e coroação foi o Espírito, recebido do Pai, derramado sobre nós (At 2.2-3). Os reis normalmente recebem presentes quando ascendem ao trono; Jesus deu a si mesmo como presente, e o Espírito nos une a Jesus. Isso aconteceu durante a Festa das Semanas, ou Pentecostes, cinquenta dias após a crucificação. A festa era um tempo de ação de graças pelo que Deus fizera e tinha o propósito duplo, como festa da colheita e como o tempo para lembrar a entrega da lei no Sinai. Jesus havia reunido as principais festas em si mesmo: a Páscoa e a Festa dos Pães Asmos, que está ligada à Páscoa; o Dia da Expiação e a Festa das Cabanas, que está ligada ao Dia da Expiação; e o Pentecostes.

Esse Pentecostes revelou que a escada celestial continuava ativa. Depois que Jesus ascendeu, o Espírito desceu. Em sua descida, ele dá poder a seu povo, geme em nosso favor diante do trono e nos traz a Jesus para que permaneçamos nele. O Espírito nos ressuscitou com Jesus (Rm 8.11). Como resultado, agora é oficial. Não somos mais cidadãos da terra nem temos dupla cidadania. Em vez disso, somos estranhos e estrangeiros na terra, e somos cidadãos plenos do céu enquanto esperamos com Cristo o dia em que ele trará o céu à terra (Fp 3.20). Enquanto isso, o Espírito nos faz subir a escada e nos une ao Cristo ressurreto.

REFLEXÃO

1. As antigas histórias sacerdotais parecem ter algumas vantagens: você pode *vê-las*. Você pode ver as peças de vestuário e o mobiliário minimalista do tabernáculo. Você pode sentir o cheiro do incenso. Mas no ponto em que estamos, passamos para um domínio no qual ver é mais difícil. A história agora é muito melhor, mas é espiritual. Em outras palavras, ela se parece mais com nuvens do que com realidades tangíveis. *Espiritual*, no entanto, geralmente significa "do Espírito", e trata-se de uma permanência sólida como uma rocha. O que vemos se desvanecerá, mas o que não vemos é certo e

eterno. Assim como em todas as mudanças dramáticas, essa mudança requer lembretes, meditação e a ajuda de outros para ver claramente. Há, de fato, uma escada, uma herança, e a vida reside ali. A evidência dessa vida celestial aparece quando você pede perdão a Deus ou aos outros, ou quando você ama, embora possa ser custoso. Encontre-a quando você orar "Meu Pai". Como você vê as realidades celestiais em sua vida cotidiana?

2. Leia Efésios 1.1-14, o salmo de Paulo sobre a ressurreição e seu impacto.

PARTE 3

QUASE VERDADEIRAMENTE HUMANO

Ascender
Eterno
Vida
Espírito
EM CRISTO
CRITO EM NÓS
Santos
Amor
Permanência
Refletir

SACERDOTES EM VESTES COMUNS

Os sacerdotes de hoje usam vestes comuns, trabalham em empregos comuns e são difíceis de se destacar. Eles estão sujeitos às mesmas perdas e dificuldades que o resto do mundo. São mais propensos a se sentirem mais abaixo do padrão do que santos. Isso é o que acontece quando estamos sendo organizados em torno do Sumo Sacerdote que foi pobre e rejeitado. Nós temos participado da vida em si, mas a morte — assim como a perda, os relacionamentos quebrados e os corpos quebrados — ainda nos cerca.

Os sacerdotes são necessitados. Pobres e necessitados — normalmente essa é a sensação de ser um sacerdote.

> Eu sou pobre e necessitado,
> porém o SENHOR cuida de mim;
> tu és o meu amparo e o meu libertador;
> não te detenhas, ó Deus meu! (Sl 40.17)

Esse é o clamor dos santos do Antigo Testamento, e foi o clamor de Jesus. Os santos do Novo Testamento também eram necessitados. É possível identificá-los como aqueles que põem sua fé em Jesus em vez de em outras pessoas ou em si mesmos. Muitos estavam doentes (Lc 8.48; 18.42), alguns eram conhecidos por seus pecados (Lc 7.5; 19.9), outros eram marginalizados (Lc 18.14) e um era um centurião romano contado entre os cães pagãos (Mt 8.8). A esse grupo poderíamos acrescentar os primeiros discípulos, que eram homens pouco instruídos, sem nenhuma importância particular e de temperamento difícil. Esses são os heróis que aspiramos ser. Eles sabiam que não podiam administrar a vida por conta própria. Seus pecados e problemas eram grandes demais. Eles viram a pretensão em ostentar a justiça própria ou outras obras que poderiam reunir um pouco de prestígio. Eles viram em Jesus aquele que os convidou a se aproximar e aquele que tinha o poder para ajudar. A fé deles era simplesmente: "Eu preciso de ti". Isso, é claro, não é natural para nós e é uma evidência do poder do Espírito em ação; é a maneira de se aproximar de Deus.

Os sacerdotes creem. O que nos consagra como sacerdotes é que cremos em Jesus. Essa crença não é um salto menos que racional para o desconhecido, como em: "Você só tem que acreditar". Em vez disso, vimos os sinais de que ele é do céu e é Deus em carne e osso. A crença tem suas razões.

Observe como os humanos sempre inventaram deuses que se parecem com eles mesmos, embora um pouco mais fortes. Ninguém antecipou o Deus que era mais fraco do que forte, mais humilde do que heroico. Jesus pode não ser o que esperávamos, mas é o que ansiávamos. Ele não se deixa levar por exibições vistosas de valor pessoal. Sua humildade e mansidão atraem as crianças, os desajustados, os impuros e aqueles com passado imoral. Ele abre mão de seu poder em vez de usá-lo em proveito próprio. Quando ele o usa, é para servir. Então vemos que a vida abundante segue seu caminho: pecados são perdoados e doenças são curadas. A morte é empurrada para trás. Essa vida aparece quando há alguma evidência de que as pessoas enxergam suas necessidades e reconhecem que ele pode ajudar de forma singular. Portanto, cremos nele e em tudo o que ele diz.

Observe como essa história da identidade sacerdotal está se desdobrando. Ela começou com caminhadas íntimas com Deus, depois foi temporariamente licenciada para o sacerdócio hebreu. Os detalhes dessa época lançam mais luz sobre o significado do evangelho, mas a atividade sacerdotal do Antigo Testamento estava muito distante da vida de hoje. Em outras palavras, você pode ter dificuldades em identificar-se com os sacerdotes do Velho Testamento. Agora que a identidade sacerdotal foi democratizada e redistribuída a todos nós, descobrimos que ela pode parecer bastante ordinária até que tenhamos um pouco mais do dom de viver pela fé.

REFLEXÃO

1. Quais sacerdotes em vestes comuns você conhece e cujas identidades são especialmente óbvias?

2. Quando você vê que sua vida sacerdotal é tudo, menos comum?

SACERDOTES DESCEM E SOBEM

Crença ou fé em Jesus significa que nós pertencemos a ele, e ele, a nós. Para onde ele vai, nós vamos. O dilema é que Jesus está no céu e nós estamos na terra, que parece estar longe e não perto. Isso, é claro, nos leva à obra do Espírito. Por causa de Jesus, temos o Espírito, e por causa do Espírito, temos Jesus. Ter um é ter o outro. O Espírito "declina a revelar-se [...] a parte de Cristo"[22]. O Espírito é aquele que nos mantém amarrados ao Jesus vivo. O amor de Deus é derramado em nós "pelo Espírito Santo" (Rm 5.5). Andar em Cristo é andar segundo o Espírito (Rm 8.4). O Espírito nos traz a Deus de tal forma que participamos de seus planos. Tudo o que temos está em Cristo por meio do Espírito que habita em nós.

Embora isso possa parecer um quebra-galho até vermos Jesus face a face, agora temos os caminhos do céu na terra. O

---

[22] Sinclair Ferguson, *The Holy Spirit* (Downers Grove, IL: InterVarsity Press, 1996), 30.

próprio Jesus experimentou a unidade com o Pai pelo Espírito. Seus milagres foram feitos pelo Espírito. Sua ressurreição foi pelo Espírito. Para nós, a vida no Espírito continuará até mesmo no próprio céu, o que nos ajuda a entender como podemos ter a presença do Cristo físico, mesmo quando há espaço entre nós. O Espírito é aquele que nos traz para o Pai e para o Filho.

Jesus desceu para entregar-se a nós e levar-nos a Deus. Para que essa descida seja significativa e pessoal para nós, o Espírito, como testemunha dessa descida, abre nossos olhos para conhecermos a Jesus e nos une a ele. O Espírito torna nossas a descida e a ascensão de Jesus. Pelo Espírito, Jesus nos toca, e nós o tocamos. Pelo Espírito, Jesus se une a nós. Nessa união, nós descemos até a sua morte:

> Logo, já não sou eu quem vive, mas Cristo vive em mim; e esse viver que, agora, tenho na carne, vivo pela fé no Filho de Deus, que me amou e a si mesmo se entregou por mim. (Gl 2.20)

Nessa morte, você foi liberto de todas as alegações que existiam corretamente contra você. As exigências da justiça no tribunal celestial foram plenamente satisfeitas, e o pecado, a morte e Satanás perderam seu poder. Você tem sido um verdadeiro participante da morte de Jesus pelo Espírito, embora a separação entre Cristo e o Pai tenha sido unicamente dele. Ele fez isso *por* você, e não *com* você. Agora, a morte está, como escreveu Paulo, sem o aguilhão dela (1Co 15.55). Ela é horrível e antinatural na forma como o separa temporariamente daqueles que você ama, mas ela está sem o aguilhão do julgamento ou separação do Deus da vida.

Então suba a escada por causa do poder de fusão do Espírito: "Se fomos unidos com ele na semelhança da sua morte, certamente, o seremos também na semelhança da sua ressurreição" (Rm 6.5). Com sua velha vida para trás, você pode "andar em novidade de vida" (Rm 6.4), que é uma vida de comunhão com Jesus pelo Espírito. Jesus ascendeu e está preparando uma morada celestial para você (Jo 14.2). Sua vida com ele está segura. Entretanto, o Espírito fez de você a morada *dele* (2Co 1.22), que é a intimidade e a proximidade em suas formas mais intensas.

Nossa descida e ascensão com Jesus é um acontecimento único, mas esse evento é tão importante e retumbante que é um padrão que percorre a nossa vida. Pense no êxodo do Egito e na jornada pelo deserto. Esses foram eventos esporádicos, mas os temas de cada um se repetem nas Escrituras e na vida.

Todos nós conhecemos o sabor da descida. "Mas o homem nasce para o enfado, como as faíscas das brasas voam para cima" (Jó 5.7). Nós descemos com Cristo pelo Espírito, o que significa que nos familiarizamos com o fracasso e a rejeição. Há problemas na vida diária. Também amamos e servimos pessoas que não nos amam e não nos servem de volta. Essa descida é difícil, mas quando sabemos que ela segue o exemplo de Jesus e é feita com ele, e que o Espírito dele está conosco para dar mais vida e poder, então podemos encontrar conforto e uma vida ainda mais plena nela.

A fraqueza foi uma das maneiras pelas quais o apóstolo Paulo descreveu sua vida. Ele havia orado pelo alívio de sua própria fraqueza e sofrimento, e, dadas as muitas curas de Jesus, ele antecipava o alívio. Quando seu sofrimento persistiu, Paulo reinterpretou sua vida com Cristo como uma descida e uma subida:

> Porque, de fato, foi crucificado em fraqueza; contudo, vive pelo poder de Deus. Porque nós também somos fracos nele, mas viveremos, com ele, para vós outros pelo poder de Deus. (2Co 13.4)

Força na fraqueza. Dependência de Deus na fraqueza. Isso, ele entendeu, era a vida perto de Jesus Cristo. Então, esse movimento da fraqueza para a força e da morte para a vida tornou-se a forma como ele contou sua própria história:

> Por amor do qual [Cristo Jesus] perdi todas as coisas e as considero como refugo, para ganhar a Cristo [...] – para o conhecer, e o poder da sua ressurreição, e a comunhão dos seus sofrimentos, conformando-me com ele na sua morte; para, de algum modo, alcançar a ressurreição dentre os mortos. (Fp 3.8, 10–11)

A vida dos sacerdotes de Deus na terra está cheia de lembretes de que somos expatriados que vivem no pé da escada, mas que são cidadãos do céu. Portanto, a vida está cheia de dificuldades diárias e de resquícios da morte, mas ela também é marcada pela vida e pelo amor — amor de Deus, amor por Deus e amor para com o povo de Deus. E onde há amor, espere alegria. "Tenho-vos dito estas coisas para que o meu gozo esteja em vós, e o vosso gozo seja completo" (Jo 15.11).

REFLEXÃO

1. É difícil entender como vivemos no pé da escada, mas nossa vida está de fato escondida com Jesus em sua casa, tal é o poder do Espírito em ação, um poder que desafia a imaginação. O Espírito realmente nos traz agora para a casa de Deus. Nós percorremos a escada. O céu fica aparente através do povo de Deus todos os dias. Toda intenção, palavra e ação que são moldadas por nossa fé em Jesus e pela obra do Espírito em nós são uma evidência da nossa residência celestial. Como você recontaria sua própria história da mesma forma que Paulo?

2. O escritor de Hebreus escreveu: "Aproximemo-nos" (Hb 10.22). Ele imediatamente prosseguiu, dizendo: "Guardemos firme a confissão da esperança" (v. 23). Que palavras você usaria para identificar essa esperança?

32

SANTOS

O Novo Testamento é relutante em nos dar o nome de *sacerdotes* propriamente dito. Somos, de fato, um "sacerdócio santo" (1Pe 2.5), um "sacerdócio real" (1Pe 2.9) e "sacerdotes para o seu Deus" (Ap 1.6; 5.10; 20.6). Embora o apóstolo Paulo fosse da tribo de Benjamim, e não da tribo sacerdotal de Levi, ele descreve a si mesmo como "ministro de Cristo Jesus entre os gentios, no sagrado encargo de anunciar o evangelho de Deus, de modo que a oferta deles seja aceitável, uma vez santificada pelo Espírito Santo" (Rm 15.16). Essas são a maioria das referências diretas do Novo Testamento à nossa identidade sacerdotal. Seria de se esperar que esse termo aparecesse com mais frequência. Não apenas o Novo Testamento parece subestimá-lo, o que é surpreendente, dada a quantidade de *imagens* e *ecos* sacerdotais que se sucedem, mas a igreja também evitou o termo durante seus dois primeiros séculos.

Sem dúvida, havia razões. Na época da crucificação, o povo de Deus não podia usar orgulhosamente o nome de *sacerdote*, pois estes não eram, de modo geral, um grupo admirável. O título de *sacerdote* passou a estar ligado ao poder e ao orgulho. A igreja primitiva, no entanto, *de fato* adotou imediatamente um nome sacerdotal como sua forma preferida de identificar os companheiros cristãos: *santos*.

Santo significa "sagrado", do latim *sanctus*. Nossa identidade sacerdotal reside na palavra *santo*. A gravura no turbante do sumo sacerdote dizia: "Santidade ao SENHOR" (Êx 28.36). Os sacerdotes eram sempre separados ou santos para o Senhor. O povo também era levado a essa santidade (Dt 7.6), e eram levados a Deus ainda mais quando o manto sacerdotal caía sobre todos os que confiavam em Jesus e o seguiam através do véu do templo para o Santíssimo Lugar, que era, essencialmente, o caminho para o próprio céu.

Você é sagrado, é santo. Esse termo aparece mais de sessenta vezes no Novo Testamento. Ele é sempre usado para *todos* os membros da casa de Deus.

Essa identidade sempre uniu dois significados. Primeiro, a missão do Santo Deus é aproximar as pessoas de si mesmo e fazê-las entrar em sua santidade. Você pertence a Deus, e tudo o que lhe pertence carrega a marca de sua santidade. Segundo, é missão de Deus que cresçamos nessa santidade e nos tornemos santos. Assim como no casamento, você entra no matrimônio, depois o vive com cada vez mais fidelidade, sabedoria e amor. A Escritura às vezes enfatiza que Deus é quem nos torna santos. Outras vezes, ela assume que, pelo fato de ter Deus nos separado, nós nos tornamos cada vez mais parecidos com ele:

> Porque tu és povo santo ao Senhor, teu Deus; o Senhor, teu Deus, te escolheu, para que lhe fosses o seu povo próprio, de todos os povos que há sobre a terra. (Dt 7.6)

> Quem, Senhor, habitará no teu tabernáculo?
> Quem há de morar no teu santo monte?
> O que vive com integridade, e pratica a justiça,
> e, de coração, fala a verdade. (Sl 15.1-2)

Você é um santo. Outras identidades orbitam nossa identidade santa e expressa como Deus nos trouxe para perto dele e nos tornou santos:

- membros da família de Deus (Ef 2.19; NVI) ;
- eleitos (1Pe 2.4);
- preciosos (1Pe 2.4);
- propriedade exclusiva de Deus (1Pe 2.9);
- ricos (Dn 7.18);
- servos de Deus (Tt 1.1; Ap 1.6) ;
- amigo de Deus (Jo 15.15).

E há mais identidades por vir.

REFLEXÃO

Tente vestir a identidade de *santo*. Ela remove algumas das conotações estranhas do *sacerdote* e enfatiza o coração da identidade sacerdotal, que é a maneira pela qual você foi atraído para muito perto do Santo.

FACES BRILHANTES

Aqui está outra imagem que vem da sua identidade de santo.

Quando Jesus apareceu de repente em brancura resplandecente (Lc 9.29), sua identidade como o verdadeiro Deus ficou clara. No entanto, a mera humanidade foi resplandecente pelo menos uma vez anteriormente.

Moisés havia sido convidado a subir a escada em encontros face a face com Deus. Quando desceu desses encontros no Sinai, "não sabia que a pele de seu rosto brilhava porque ele havia falado com Deus" (Êx 34.29). Essa é a humanidade da forma como Deus pretendia.

No início, essa glória refletida manteve as pessoas à distância, mas Arão e os outros líderes se encontraram com o Moisés resplandecente e o anunciaram que ele era seguro, e só depois disso foi que o povo começou a se aproximar dele. Então, Moisés contou-lhes as palavras que Deus lhe havia dado. Ele fez isso enquanto ainda brilhava. Somente quando terminou de falar foi que colocou um véu sobre seu rosto (Êx 34.33). Moisés usou o véu porque a glória refletida de Deus em seu rosto estava se desvanecendo, o que poderia ter desencorajado o povo de Deus. Mas não havia com o que se preocupar. Quando Moisés falou com o Senhor novamente, seu rosto brilhou com glória renovada.

Moisés foi para os confins da casa de Deus na terra e assumiu algo da aparência de Deus, que certamente era semelhante a um sacerdote. Os sacerdotes usavam roupas que refletiam algo da glória de Deus, e aqui Moisés foi brevemente vestido de luz. Isso é o auge da imitação de um portador de imagem. Ele era aquele espelho anguloso que refletia Deus e ilustrava como somos transformados pela proximidade dele.

- Moisés refletiu luz porque Deus é luz — a escuridão está associada ao medo e a perigos escondidos.
- As lâmpadas no Lugar Santo, que simbolizavam a presença de Deus, sempre estavam acesas de frente para o pão, que simbolizava o povo.
- O Senhor fez sua luz brilhar sobre nós (Sl 118.27).
- O próprio Jesus é a luz que resplandece na escuridão (Mt 4.16).
- Jesus será o nosso sol quando estivermos com ele face a face (Ap 22.5).
- Nós oramos, "Senhor, levanta sobre nós a luz do teu rosto" (Sl. 4.6), e ele o faz.

O apóstolo Paulo não pôde resistir à imagem do Moisés resplandecente (2Co 3.12-18). Seu argumento é que a glória refletida de Cristo em seu povo é melhor do que Moisés. Jesus nos trouxe a uma nova era, na qual o Espírito nos abre os olhos para a glória de Jesus. O Espírito também nos assegura de que a glória refletida em nós nunca se desvanecerá:

> Tendo, pois, tal esperança, servimo-nos de muita ousadia no falar. E não somos como Moisés, que punha véu sobre a face, para que os filhos de Israel não atentassem na terminação do que se desvanecia [...] Quando, porém, algum deles se converte ao Senhor, o véu lhe é retirado [...] E todos nós, com o rosto desvendado, contemplando, como por espelho, a glória do Senhor, somos transformados, de glória em glória, na sua própria imagem, como pelo Senhor, o Espírito. (2Co 3.12-18)

O Espírito o leva à presença de Deus, e você brilha enquanto reflete a luz de Jesus. Assim como ocorre com a santidade, você tem a luz de Cristo e pode crescer nela. Quando crê, você recebe o Espírito, que faz a luz de Jesus brilhar em você. Você também pode crescer "de glória em glória", à medida que continua a se aproximar dele.

Eu vi alguém brilhar hoje. Ele está na casa dos cinquenta anos de idade, é divorciado há anos e vive em uma quitinete. Sua saúde é tão precária que limita suas atividades. Quando se levanta pela manhã, ele luta para encontrar qualquer propósito. Então, abre sua Bíblia. Depois, lê até ter visto Jesus nas Escrituras. Às vezes leva quinze minutos, às vezes uma hora ou mais. Então, ele brilha. Ele é rápido para falar de Jesus com aqueles que encontra. Se você perguntar o que ele está aprendendo, você fará parte de uma conversa animada e cheia de esperança. Hoje ele falou de Jesus como o pão da vida, de João 6, e nós refletimos sobre o chamado de Jesus para que venhamos e creiamos nele.

Eu vi outra pessoa que brilhava. A vida tem sido difícil para ela, e ela lamuriou-se no caminho. Dessa vez, seu carro havia quebrado em um lugar que bloqueou o trânsito, e a avaria sairia caro. "Acredito que isso é Deus me testando. Portanto, em vez de reclamar, serei grata". Ela tinha colocado sua história bem nas páginas das Escrituras.

Um evento crítico na história de Israel foi quando o povo murmurou contra Moisés e Arão por terem sido tirados do Egito (Nm 14.1-4). Mesmo que o Senhor os tivesse libertado com atos poderosos, eles estavam essencialmente perguntando: "O que vocês fizeram por nós hoje"?. Eles reclamaram contra Moisés e Arão, mas na verdade estavam passando por cima de Deus em julgamento. O Senhor disse a Moisés: "Até quando me provocará este povo e até quando não crerá em mim, a despeito de todos os sinais que fiz no meio dele?" (Nm 14.11).

Essa mulher em particular, no dia da avaria de seu carro, não fez nada disso. Ao contrário, com seus olhos fitos em Jesus, ela foi paciente e grata.

> Fazei tudo sem murmurações nem contendas, para que vos torneis irrepreensíveis e sinceros, filhos de Deus inculpáveis no meio de uma geração pervertida e corrupta, na qual resplandeceis como luzeiros no mundo. (Fp 2.14-15)

Acontece que há sacerdotes resplandecentes à nossa volta todos os dias que seguem o curso da fé e do amor de maneiras que os fazem parecer espetaculares e belos, pois refletem o caráter do Senhor.

REFLEXÃO

1. Você brilha quando é trazido a Jesus pela fé, e você brilha ainda mais quando se volta para ele. De que maneira essa verdade pode ser um incentivo para que você saia ao mundo em nome de Jesus?

2. Quem você viu brilhar recentemente?

PEDRAS VIVAS, FONTES QUE FLUEM

Você é um santo vestido de retidão que reflete Cristo com um rosto brilhante. A Escritura usa uma série de imagens para nos ajudar a enxergarmos nossa identidade de santo. Outra imagem é a de você como uma pedra viva. A tradição é antiga. Quando Deus se aproximava, as pessoas usavam pedras para fazer um memorial desse evento (p. ex., Gn 28.22). Aqueles montões frágeis foram os precursores das pedras do templo, e as pedras do templo antecipavam a pedra viva, que é Cristo, a qual nos forma à sua imagem, e nós também nos tornamos pedras vivas:

> Chegando-vos para ele, a pedra que vive, rejeitada, sim, pelos homens, mas para com Deus eleita e preciosa, também vós mesmos, como pedras que vivem, sois edificados casa espiritual para serdes sacerdócio santo, a fim de oferecerdes sacrifícios espirituais agradáveis a Deus por intermédio de Jesus Cristo. (1Pe 2.4-5)

Essa casa espiritual é o Santíssimo Lugar, onde a santidade de Deus estava mais concentrada e a sua glória era mais vívida. O apóstolo Paulo fornece um olhar mais detalhado sobre isso:

> Assim, já não sois estrangeiros e peregrinos, mas concidadãos dos santos, e sois da família de Deus, edificados sobre o fundamento dos apóstolos e profetas, sendo ele mesmo, Cristo Jesus, a pedra angular; no qual todo o edifício, bem-ajustado, cresce para santuário dedicado ao Senhor, no qual também vós juntamente estais sendo edificados para habitação de Deus no Espírito. (Ef 2.19-22)

Cristo é a pedra angular essencial. Aqueles que nos ensinaram sobre Cristo são os fundamentos e nós somos as pedras vivas — uma obra em progresso até Jesus unir completamente o céu e a terra.

Em outra carta, Paulo usa novamente as imagens do templo quando escreve: "Não sabeis que sois santuário de Deus e que o Espírito de Deus habita em vós?" (1Co 3.16). Mais tarde, ele usa a mesma imagem para descrever os santos individualmente:

> Acaso, não sabeis que o vosso corpo é santuário do Espírito Santo, que está em vós, o qual tendes da parte de Deus, e que não sois de vós mesmos? Porque fostes comprados por preço. Agora, pois, glorificai a Deus no vosso corpo. (1Co 6.19-20)

"Não sois de vós mesmos", "glorificai" — a descrição de uma pessoa verdadeiramente humana é preenchida com a linguagem do templo e a santidade em exposição.

Você está entre as pedras vivas que compõem a morada de Deus na terra e é até mesmo um templo ambulante. Portanto, não é de surpreender que à medida que você habita em Cristo pela fé, você também exibe as outras características da casa de Deus:

- Você é um sacrifício vivo (Rm 12.1).
- Você recebeu a água viva e purificadora e é uma fonte de água viva para os outros (Jo 4.14).
- Você é a luz do mundo (Mt 5.14).
- Você sempre foi o pão da proposição que era mantido perto de Deus (Êx 25-30).
- Suas orações são o incenso, a fumaça e o aroma que vêm diante do Senhor (Ap 8.3).

À medida que se avança e se chega ao Santíssimo Lugar, as imagens tornam-se mais de Cristo e menos de nós. Quando olha dentro do baú do tesouro de Deus, a própria arca, você encontra o maná e as tábuas de pedra com as palavras de Deus escritas nelas. Esses objetos são Cristo, nosso alimento, e Cristo, o discurso de Deus para nós.

Pedras vivas para fontes que fluem. As pedras vivas atiçam imagens do templo de Jerusalém em toda sua beleza reflexiva. As pedras vivas também provêm de uma linhagem ligeiramente diferente de pedras, que produzem água. O êxodo do

Egito e os anos no deserto são emoldurados por dois eventos com essas pedras vivas. No primeiro ano, o povo reclamou de sede; Moisés foi instruído a golpear uma pedra e saiu água para o povo beber (Êx 17.5-6). No quadragésimo ano, nada havia mudado; o povo ainda murmurava e reclamava contra o Senhor, e ele lhes deu água de uma pedra. Dessa vez, porém, Moisés foi instruído a falar com a rocha viva em vez de bater nela, como se a identidade mais pessoal por trás da rocha estivesse sendo revelada. Moisés, ao invés disso, em sua frustração com o povo, bateu nela duas vezes. A água saiu, mas a desobediência de Moisés foi o motivo pelo qual ele não foi autorizado a entrar na Terra Prometida.

Ezequiel viu essa pedra fluindo no templo. Ele estava entre os exilados na Babilônia que testemunharam a destruição do templo de Jerusalém. Sua mensagem era que Deus estava sobre as nações, e seu plano de estar com seu povo não seria derrubado por nenhum reino terreno. Deus habitaria entre seu povo. Em uma visão, Ezequiel nos convida ao templo celestial, onde "saíam águas de debaixo do limiar do templo, para o oriente" (Ez 47.1). Das pedras do Santíssimo Lugar vinha a água da vida. A água vazou para fora do templo e se tornou um fluxo mais cheio e profundo que trazia vida a tudo o que tocava.

A história é retomada na Festa dos Tabernáculos — uma festa hebraica aberta até mesmo aos gentios (Dt 31.12). Durante a festa de sete dias, o povo se lembrava de que, apesar de terem vivido em moradias temporárias durante seu tempo no deserto, o próprio Deus cuidou deles quando não podiam fazer nada para se sustentarem. Uma forma de Deus se importar era dando-lhes um suprimento contínuo de água. Com isso em mente, cada dia da festa começava com os sacerdotes tirando água do tanque de Siloé e despejando-a junto ao altar. No último dia, a festa de extração de água chegava ao ápice, com mais água e cerimônia do que em qualquer um dos dias anteriores:

> No último dia, o grande dia da festa, levantou-se Jesus e exclamou: Se alguém tem sede, venha a mim e beba. Quem crer em mim, como diz a Escritura, do seu interior fluirão rios de água viva. Isto ele disse com respeito ao Espírito que haviam de receber os que nele cressem; pois o Espírito até aquele momento não fora dado, porque Jesus não havia sido ainda glorificado. (Jo 7.37-39)

Jesus é a pedra que dá água viva. Ao crermos nele, renascemos da "água e do Espírito" (Jo 3.5), e somos refeitos em pedras vivas do templo que estão tão cheias da presença de Deus, que não podemos conter sua obra em nós. Ele se infiltra e traz vida à família, aos amigos, aos vizinhos e ao mundo.

REFLEXÃO

A *vida* tornou-se central para a história sacerdotal. Ela simplesmente acontece quando você está perto do Senhor, mesmo que se seja uma rocha. O desafio é que a morte ainda nos cerca até o ponto em que a verdadeira vida pode ser obscurecida. Por isso, à medida que você exercita seus olhos para a vida de Cristo em sua vida cotidiana, você deve esperar vê-la todos os dias:

- Alguém pede oração.
- Você é convencido de como errou com alguém e você pede perdão.
- Você lê a Escritura, e, gradualmente, ela o leva à realidade.
- Você é grato por suas bênçãos em Jesus mesmo quando a vida não é bem assim.
- Você estende sua mão para alguém diferente de você.

Separe um tempo para identificar alguns dos aparecimentos dessa água da vida, mesmo quando ela se infiltra em você.

ENTRAR

Sabemos que o Cordeiro de Deus foi sacrificado por nós, e que o altar foi aposentado. Mas o desejo sacerdotal de imitar a Jesus e de ser como ele só cresce; então, perguntamos: *Existe alguma maneira de participarmos do que Jesus fez como sacrifício agradável?* E há maneiras.

O amor se tornou o sacrifício que levamos ao Senhor. Quando fazemos o bem e somos generosos com os necessitados, oferecemos um sacrifício agradável ao Senhor (Fp 4.18; Hb 13.15). O amor era a intenção do sistema sacrificial o tempo todo. Obedecer ao Senhor em amor sempre foi preferível ao sacrifício impessoal (1Sm 15.22-23). Assim, quando se trata de sacrifício sacerdotal, Paulo, mantendo-se de acordo com sua ênfase em nossa intensa intimidade com Jesus Cristo, faz com que o sacrifício diga respeito à oferta de si mesmo:

> Rogo-vos, pois, irmãos, pelas misericórdias de Deus, que apresenteis o vosso corpo por sacrifício vivo, santo e agradável a Deus, que é o vosso culto racional. (Rm 12.1)

A passagem segue um padrão agora previsível. Deus age primeiro. Ele dá novas misericórdias em Cristo. Deus faz promessas e as cumpre, e a fidelidade dele não é determinada pela nossa. Ele sempre age em primeiro lugar e ama mais. Em seguida, nós respondemos à misericórdia dele. Isso faz sentido. Jesus é o Cordeiro de Deus. Nosso "culto racional" é ser um sacrifício vivo. Esse versículo poderia ser traduzido da seguinte forma: "Esse é seu próprio ato de adoração como povo racional"[23]

Se entendêssemos com precisão a misericórdia de Deus, viveríamos de bom grado para ele. Qualquer pessoa em sã consciência não poderia fazer outra coisa.

Essa devoção ao Senhor é trabalhada nos detalhes da vida cotidiana. Ela inclui a forma como trabalhamos juntos como corpo de Cristo, cada um exercendo os dons que Deus deu sem ciúmes ou inveja, os quais podem ser resumidos como amor genuíno, generoso, humilde e persistente, mesmo quando se é maltratado.

É possível enxergar isso se você procurar. Na última semana, eu vi isso em uma mulher que regularmente embeleza o prédio onde trabalho com flores cortadas de seu jardim, tudo perfeitamente arranjado. Seus jarros transparentes, que são seus vasos, parecem ser uma perda insignificante. Também vi um cônjuge ser falsamente acusado por membros da família e que lutava com uma pergunta: "Como posso demonstrar paciência e gentileza?". Ambos são sacrifícios sãos e belos.

---

23 Richard N. Longenecker, *The Epistle to the Romans*, in New International Greek Testament Commentary, ed. I. Howard Marshall and Donald A. Hagner (Grand Rapids, MI: Eerdmans, 2016), 920.

Nós lavamos na bacia. A seguir, vem a bacia da purificação. Uma vez, trabalhei em uma escola elementar onde um aluno tinha um cheiro que não se parecia com nada que eu já tenha cheirado. Tentamos escovar seus dentes, lavá-lo, levá-lo à enfermeira da escola e visitar sua casa, onde o adulto que atendia à porta se recusava a falar. Apesar de todos os nossos esforços, ele emanava um odor miserável que o separava de todos os seus colegas de classe. As crianças tendem a ser francas com tais coisas: "Credo, você cheira mal! Fique longe de mim!". Ser sujo é ser rejeitado. Ser limpo, tanto na Escritura como hoje, é ser aceito na sociedade em geral. Portanto, nós nos lavamos. Nossa lavagem espiritual diária é nossa confissão de pecado, e deve ser algo como um banho fresco após um dia de trabalho suado e sujo. Deveríamos nos sentir refrescados.

Isso, é claro, só pode acontecer quando nos lembramos de que caminhamos ao lado do altar e fomos completamente lavados pelo sangue de Jesus. Paulo quer que nós nos recusemos a tolerar a impiedade pessoal; ele também quer que não toleremos condenações passadas e velhas lamentações. Por isso, da maneira mais resoluta, ele amontoa sobre nós o que foi realizado em Jesus por meio do Espírito. A lavagem foi feita a nós e por nós:

> Mas vós vos lavastes, mas fostes santificados, mas fostes justificados em o nome do Senhor Jesus Cristo e no Espírito do nosso Deus. (1Co 6.11)

Os termos *lavastes* e *santificados* têm caráter sacerdotal. A expressão *justificados* transmite uma finalidade legal. Em conjunto, o verso identifica inequivocamente um movimento da terra para o céu, e foi o Senhor quem o fez. A imagem de nos deixar lavar é uma imagem de vestes sacerdotais, lavadas pelo sangue, que são adequadas para a vida na presença de Deus (Ap 7.14).

Portanto, quando se chega à bacia, você não vem repetidamente a Jesus para a admissão na casa dele. "Quem já se banhou não necessita de lavar senão os pés; quanto ao mais, está todo limpo" (Jo 13.10). Você vem porque sacerdotes ainda pecam. Embora você tenha sido separado por Deus para ele mesmo, os relacionamentos ainda podem ser afetados pelo pecado não confessado. Portanto, você confessa diariamente, e a confissão aumenta a comunhão aberta e próxima.

Há um certo truque para sentir-se limpo. O truque é que os santos têm que entender que seus pés realmente cheiravam mal e estavam sujos. Os heróis do Novo Testamento sabiam que tinham sido limpos e perdoados por muita coisa (p. ex., Lc 7.36-50). O pecado não é bom, mas saber que somos pecadores que fomos lavados em Cristo é um grande presente.

Acendemos o incenso, e a fumaça vem diante do Senhor. Agora vamos para o Lugar Santo onde mantemos incensários que queimam o incenso. Na casa de Deus, há muita conversa. Isso é o que as famílias fazem. Quando você está necessitado, vive entre pessoas necessitadas e vive com seu Pai generoso, você conversa ainda mais. Nós oramos, ele responde com palavras das Escrituras. Silêncio e lar simplesmente não combinam.

> Suba à tua presença a minha oração, como incenso,
> e seja o erguer de minhas mãos como oferenda
> vespertina. (Sl 141.2)

Imagine taças de ouro. Nossas orações são colocadas nessas taças e oferecidas ao Senhor, juntamente com as orações de outros santos (Ap 5.8; 8.3). Anjos às vezes trazem essas orações diante do Senhor. Eles não agem como mensageiros de longa distância, pois oramos ao Senhor em sua própria casa. Ele está conosco. Os servos angelicais estão envolvidos, porque esse é o centro nervoso do céu. O céu age em resposta às orações do povo de Deus.

Esse vislumbre das realidades espirituais dá um novo zelo às orações sacerdotais. Deus, de fato, ouve as orações de uma criança solitária que foi abandonada. Ele também fica satisfeito quando as taças estão cheias. É por isso que pedimos a outras pessoas que orem. No caso de nossas orações mais desesperadas, pedimos ao maior número possível de pessoas que orem, e nenhuma oração é insignificante ao aroma celestial resultante.

O velho ritmo da vida do templo ainda é reconhecível. Agora, porém, vivemos na casa de Deus; passamos por um altar que ofereceu o Cordeiro de Deus e podemos descansar. É com base nesse descanso que entramos no mundo e representamos Jesus.

REFLEXÃO

1. O que chama sua atenção nessa caminhada do Novo Testamento pelo tabernáculo?

2. De que forma você responderá?

SER ENVIADO

O plano sempre foi que os sacerdotes se reunissem na área de preparação da casa de Deus para serem enviados ao mundo. A casa de Deus é um lugar de descanso, mas também é muito movimentada. É a vida com um propósito. A seguir estão os elementos dessa missão.

Batalhe. Os sacerdotes eram parte integrante da guerra de Israel. A primeira batalha na Terra Prometida foi contra Jericó, onde os sacerdotes trouxeram a arca e durante seis dias suas trombetas foram o único som que podia ser ouvido. Esse foi um precursor de nossa guerra moderna.

Certamente temos inimigos em abundância. O povo de Deus é martirizado todos os dias; aqueles que têm poder usam-no para satisfazer a si mesmos e para destruir os outros (p. ex., Ez 34.1-6). No entanto, sabemos que é preciso mais do que apenas ficar de olho para identificarmos espadas e armas. A guerra estratégica sempre visa a fonte. Estamos procurando o mundo ou o que é terreno (1Jo 2.16; Tg 3.15), o que é de baixo e não de cima. Esses agentes da morte são demoníacos, tendo Satanás por trás de tudo. Procure relacionamentos quebrados, ira e brigas (Tg 4.1-10). Procure ambição egoísta, ciúme, vida fora dos limites seguros de Deus, arrogância e orgulho. Todas essas coisas podem ser encontradas em cada um de nós.

Quando pensamos que o pecado não é tão ruim assim?

Quando pensamos que Deus não é tão bom assim?

Quando pensamos que estamos além do perdão e que a proximidade com Deus é um sonho?

Começamos com a batalha interior. Basta rastrear sua língua ou sua arrogância que julga silenciosamente em uma posição acima dos outros, ou os desejos pessoais que descartam a moderação. Procure qualquer coisa que você prefira que os outros não vejam.

A ira em suas múltiplas variações é algo que se destaca para que mantenhamos uma guarda cuidadosa. Satanás é um assassino que declarou guerra contra todos os que afirmam lealdade a Jesus (Jo 8.44; Ap 12.17). Quando vê a ira desencadeada, ele vê imagens de si mesmo, e há uma oportunidade de influência (Ef 4.27). A ira não é o único pecado contra o qual lutamos, mas, uma vez que a ira e os pecados divisivos relacionados a ela são um reflexo tão exato de Satanás, eles atraem nossa total atenção.

Uma vez identificada, a estratégia de batalha é clara e detalhada. Nós damos as costas a Satanás e nos voltamos para o Senhor:

> Sujeitai-vos, portanto, a Deus; mas resisti ao diabo, e ele fugirá de vós. Chegai-vos a Deus, e ele se chegará a vós outros. Purificai as mãos, pecadores; e vós que sois de ânimo dobre, limpai o coração. Afligi-vos, lamentai e chorai. Converta-se o vosso riso em pranto, e a vossa alegria, em tristeza. Humilhai-vos na presença do Senhor, e ele vos exaltará. (Tg 4.7-10)

Tendo entrado na batalha contra nossos desejos arrogantes, nós nos voltamos para a comunidade de Cristo. Existem facções? Os membros não estão reconciliados? Há algo que seja divisivo? Tudo isso recebe o encorajamento do maligno e é prova de morte. Eles devem ser combatidos e postos de lado. Os sacerdotes *discernem o corpo de Cristo* (1Co 11.29), o que significa que sabemos que o corpo de Cristo é separado para a unidade por meio da humildade e do amor, e trabalhamos pela paz e pela reconciliação quando vemos fraturas interpessoais.

A batalha, então, é levada ao mundo de formas contraintuitivas, às vezes duras, mas adequadas aos seres humanos. Esperamos nos encaixar, sendo bons vizinhos que contribuem para o bem da comunidade, e esperamos nos destacar na forma como amamos. Quando nos deparamos com os inevitáveis problemas de relacionamento, essa é nossa oportunidade de brilhar. Devemos abençoar aqueles que nos perseguem, regozijar-nos com aqueles que se alegram e chorar com os que choram. Não devemos ser altivos. Ao invés disso, devemos nos associar com os humildes. Não devemos retribuir a ninguém o mal com o mal e, no que depender de nós, devemos ter paz com todos. Não devemos ser vencidos pelo mal, mas devemos vencer o mal com o bem (veja Rm 12.14-21).

Ore e abençoe. Em meio a tudo isso, temos a sensação de que precisamos daquilo que só o próprio Deus pode dar. Como podemos resistir à tentação? Como podemos até mesmo estar atentos a elas? Como podemos amar quando os relacionamentos parecem desequilibrados, quando recebemos pouco, mas somos solicitados a dar mais? Quais são as necessidades dos nossos vizinhos, da nossa comunidade, do nosso mundo? A vida dos santos de Deus em sua criação altamente pessoal é uma vida de oração.

Essa é uma extensão da dinâmica normal de dar e receber que caracteriza os relacionamentos que estão em crescimento: Deus fala a nós, especialmente por meio de sua Palavra, e nós falamos com ele a partir do nosso coração. Ao sairmos para o mundo, procuramos as preocupações da terra e as levamos ao céu. Isso começa de forma simples. Nosso próximo está doente e oramos para que ele seja curado. À medida que crescemos, a oração requer mais reflexão. Do que o nosso próximo realmente precisa e quais são as promessas relevantes de Deus?

Queremos nos regozijar com aqueles que se alegram e celebrar as alegrias do nosso próximo, mas são os problemas que capturam a nossa atenção. Circunstâncias problemáticas são ocasiões para servirmos com uma carona, uma comida e outras formas criativas de cuidado. São também ocasiões em que podemos realmente orar com o próximo.

Durante os problemas, a maioria das pessoas acolhe a oração. Elas podem pensar que a oração é bobagem em tempos mais fáceis, mas a verdadeira humanidade emerge especialmente em dificuldades, quando as pessoas são gratas por oramos por elas e por tê-las em nosso coração. Ontem eu visitei um homem que tinha feito reparos em alguns de nossos móveis no passado. O que começou como uma conversa geral sobre sua vida progrediu para falarmos de suas lutas físicas invasivas, e eu orei por ele. Agora ele espera que eu ore por ele quando o vejo, e ele normalmente chora quando eu oro. Nós somos amigos. Histórias como essa são comuns e estão entre as formas mais poderosas de Deus usar meios comuns para expandir seu Reino.

Um parceiro de oração é uma bênção. Nós abençoamos quando ouvimos as boas palavras proferidas no céu e queremos transmiti-las aos que estão na terra. O Senhor nos abençoou no princípio (Gn 1.28). As últimas palavras de Jesus antes de sua ascensão foram uma bênção: "Então, os levou para Betânia e, erguendo as mãos, os abençoou" (Lc 24.50). E essas bênçãos continuam, às quais são acrescentadas novas misericórdias e bênçãos todos os dias.

Para proferirmos bênção, devemos conhecer as bênçãos de Deus. Algumas delas são inconfundíveis:

- Graça e paz a vós outros (p. ex., 2Pe 1.2);
- Que o SENHOR use convosco de benevolência (Rt 1.8);
- Que o Senhor vos dê paz (2Ts 3.16);
- O Senhor conduza o vosso coração ao amor de Deus e à constância de Cristo (2Ts 3.5);
- Bem-aventurado aquele cuja iniquidade é perdoada, cujo pecado é coberto (Sl 32.1).

Então, falamos de variações criativas dessas bênçãos. Unimo-nos ao Senhor em querer que seu favor seja óbvio aos outros. Queremos para eles as maiores riquezas da vida. Podemos até preparar palavras para oferecer aos enlutados ou para orar por nossos amigos e familiares. Ao abençoarmos, consideramos o físico e nos movemos para o espiritual, que é ainda mais real e duradouro.

As bênçãos amadurecem ao percorrermos as Escrituras. Na história de Israel, elas muitas vezes incluíam descendência e terra. Uma vez que Jesus veio em carne e osso, as bênçãos se tornaram decididamente espirituais e mais duradouras. Todas as bênçãos no Sermão do Monte seguem esse padrão de bênçãos celestiais. Nós também amadurecemos para entender que as bênçãos espirituais são maiores que a terra e que a descendência. As realidades espirituais são o cumprimento das bênçãos físicas; o próprio Cristo é o cumprimento da bênção mais antiga. Ele é o nosso esconderijo, nossa terra em tempo de paz.

As bênçãos espirituais não são propaganda enganosa, na qual esperávamos uma coisa, mas recebemos algo menor. As bênçãos espirituais são do Espírito. Elas são certeiras e permanentes, em contraste com as coisas que desvanecem e morrem. Portanto, voltamos aos nossos antecessores que não tinham terra, mas tinham o Senhor, os quais testemunharam o perdão de pecados por Deus, perdão esse que abriu o caminho para que nos aproximássemos.

Identificamos facilmente as bênçãos do Antigo Testamento: saúde, segurança financeira e outras circunstâncias agradáveis. Todas as coisas boas, de fato, vêm do Senhor. Ele traz a chuva sobre aqueles que o seguem e aqueles que não o seguem. No entanto, essas coisas boas são acompanhadas de riscos. Os seres humanos podem passar muito rapidamente das bênçãos circunstanciais para a autossuficiência e para um senso de direito. Somente as bênçãos mais profundas são capazes de nos sustentar nos anos mais magros.

> Bem-aventurado aquele a quem escolhes e aproximas de ti,
> para que assista nos teus átrios;
> ficaremos satisfeitos com a bondade de tua casa
> — o teu santo templo. (Sl 65.4)

Então, após sairmos ao mundo enviados pelo Senhor, mas ainda com a presença dele, convidamos outros a se aproximarem dele e a retornarem à casa dele onde juntos o bendiremos:

> Bendizei ao SENHOR, vós todos, servos do SENHOR,
> que assistis na Casa do SENHOR, nas horas da noite;
> erguei as mãos para o santuário
> e bendizei ao SENHOR. (Sl 134.1-2)

REFLEXÃO

1. Os santos descansam em Cristo, depois se movem ao mundo a fim de abençoar. Que bênçãos o Senhor proferiu sobre você que o conduzem ao descanso dele?

2. Como você pode abençoar outros?

ANDANDO MONTE ACIMA

Os salmos foram usados primeiramente nos cultos matinais e vespertinos do templo. A maioria deles é melhor compreendida nesse contexto. Aqui está um desses salmos — o salmo 23. Ele segue a jornada dos santos de Deus e nos lembra de que Deus está perto:[24]

> O SENHOR é o meu pastor; nada me faltará.
>> Ele me faz repousar em pastos verdejantes.
>
> Leva-me para junto das águas de descanso;
>> refrigera-me a alma.
>
> Guia-me pelas veredas da justiça
>> por amor do seu nome.

---

24 Minha forma de apresentar as estações do salmo 23 segue o trabalho de Douglas J. Green, "'The Lord Is Christ's Shepherd': Psalm 23 as Messianic Prophecy," em *Eyes to See, Ears to Hear: Essays in Honor of Alan Groves*, ed. Peter Enns, Douglas J. Green, and Michael B. Kelly (Phillipsburg, NJ: P&R, 2010), 33-46.

Na primavera, durante o primeiro mês do calendário judaico, o mês da Páscoa, o povo se lembra da libertação de Deus da escravidão. É a única vez que a terra é verde.

Dentre os nomes que Jesus assumiu estava o de Bom Pastor, e o próprio início do salmo aponta para isso. Ele nos fala desse papel, especialmente quando nos sentimos vulneráveis e fracos. Jesus, o Bom Pastor, está conosco, sempre próximo. Com os pecados perdoados, não há nada que possa nos separar de seu amor. Não temos nenhuma razão para estarmos nervosos. Temos tudo aquilo de que precisamos, e as águas são calmas e não turbulentas. Somos revigorados por ele e nele.

Quando chegava o final da primavera, também chegava a Festa das Semanas ou o Pentecostes, momento em que tanto a colheita quanto a entrega da lei no monte Sinai eram comemoradas. Lembramos de quando o Espírito nos foi dado. O Espírito nos assegura da presença de Jesus, e ele nos dá poder para segui-lo durante os problemas — e haverá problemas. Esses lembretes nos fortalecem. É hora de nos levantarmos. Os pastos verdejantes da primavera estão desaparecendo, e estamos sendo levados a outros lugares de pastagem. Onde quer que formos, podemos confiar nele. Ele manterá sua promessa de estar conosco. Ele será fiel a nós porque ele é justo e nos levará pelos caminhos de justiça.

> Ainda que eu ande pelo vale da sombra da morte,
>   não temerei mal nenhum,
> porque tu estás comigo;
>   o teu bordão e o teu cajado
>   me consolam.

O verão chegou e, com ele, a estação seca. Estamos descendo. Jesus nos leva ao deserto e aos seus infinitos perigos. O calor é mais intenso. Tudo o que podemos fazer é confiar que ele conhece o caminho, e ele conhece. Há algumas nascentes no deserto. A peça central da viagem cai aqui. Embora nenhuma das três grandes festas apareça no calendário de verão, e talvez porque não haja lembretes explícitos de Deus durante esses meses áridos, nós dizemos: "Tu estás comigo". Note a mudança de voz. Antes, estávamos falando de Jesus; agora, falamos com ele. Vemos seu bordão e seu cajado. Um nos protege dos ataques, o outro nos impede de vaguear ou nos pega quando caímos.

> Preparas-me uma mesa
> > na presença dos meus adversários,
> unges-me a cabeça com óleo;
> > o meu cálice transborda.
> Bondade e misericórdia certamente me seguirão
> > todos os dias da minha vida;
> e habitarei na Casa do SENHOR
> > para todo o sempre.

Nos tempos do salmista, o cerne da estação das festas chegava quando o verão dava lugar ao outono. Era hora de subir o monte Sião e entrar na casa de Deus. As Canções da Ascensão (Sl 120-134) transformavam as várias conversas das pessoas em uma só voz de culto corporativo e de agradecimento.

Primeiro vinha o Dia da Expiação. Esse tempo de arrependimento era solene ainda com a distinta consciência do perdão e dos pecados levados para longe do Senhor. Imediatamente após o Dia da Expiação era a Festa dos Tabernáculos ou das Cabanas, quando o povo se lembrava do cuidado que Deus teve por eles no deserto. Ela era marcada pela celebração e pela alegria, e durava uma semana.

A imagem do pastor e das ovelhas dá lugar à imagem do Senhor como anfitrião, e ele preparou um banquete farto. Sua hospitalidade começa com a unção da cabeça com óleo, que era costume com convidados de honra, mas essa unção tem um duplo significado como a unção ao sacerdócio real.

Os inimigos que procuraram nos destruir estão do lado de fora. Eles são impuros e não podem entrar; nós fomos santificados e pertencemos. Tudo o que eles podem fazer é observar e absorver a ironia de como aqueles que eles amaldiçoaram são os mais abençoados. Agora estamos na casa de Deus, perto dele e desfrutando sua hospitalidade divina. Ele nos rodeia. Ele nos conduz e nos persegue em sua bondade e misericórdia. Essa é a humanidade como Deus intentou.

Então o calendário gira. Passamos pelas estações novamente e, depois, passamos mais uma vez. A cada ano, podemos ficar menos surpresos com a viagem ao longo dos penhascos rochosos em meio a animais perigosos. A esperança cresce mesmo no deserto. Dizemos ao Senhor: "Tu estás comigo", agora com mais confiança. Pedimos ajuda a alguém próximo a nós, ou talvez obtenhamos encorajamento nos salmos que cantamos. Nosso destino é sempre a casa de Deus, a qual ele, na realidade, preparou para nós; portanto, ela é a nossa casa. Sempre foi assim. Por agora, você pode orar por perseverança e por olhos para enxergar essas realidades espirituais. Um dia, nós ficaremos quietos.

REFLEXÃO

1. "Tu estás comigo" — todas as promessas de Deus orbitam em torno desse fato. Cada passagem sobre o medo é resolvida aqui. A presença de Deus é *o* traço distinto da vida cristã. Nenhum outro deus está inclinado a passar seu tempo com os seres humanos, quanto mais estar tão perto. Você crê nisso? Precisa de ajuda com sua descrença?

2. Entre no salmo. O que você vê? O que ouve? Como você oraria o salmo?

O SUMO SACERDOTE ORA POR VOCÊ

A jornada tem seus desafios e a descrição de trabalho dos santos é mais do que aquilo com o qual você pode lidar, portanto Jesus Cristo continua no modo sacerdotal *dele*. Seu Sumo Sacerdote ora ao Pai por você, e ele é acompanhado pelo Espírito, que também intercede por você exatamente agora (Rm 8.26-27).

> [Jesus], no entanto, porque continua para sempre, tem o seu sacerdócio imutável. Por isso, também pode salvar totalmente os que por ele se chegam a Deus, vivendo sempre para interceder por eles. (Hb 7.24-25)

A oração mais longa de Jesus de que se tem registro foi chamada de a oração sacerdotal (Jo 17). Depois de orar para que o Pai glorificasse o Filho em sua crucificação, Jesus orou por seus discípulos; e depois ele ora por vocês. Ele ora para que vocês estejam unidos a Deus e uns aos outros em amor.

Tudo isso é muita proximidade. É o padrão celestial trazido à terra e é a maneira proeminente pela qual o mundo saberá que Jesus veio realmente da parte do Pai.

> Não rogo somente por estes, mas também por aqueles que vierem a crer em mim, por intermédio da sua palavra; a fim de que todos sejam um; e como és tu, ó Pai, em mim e eu em ti, também sejam eles em nós; para que o mundo creia que tu me enviaste. (Jo 17.20-21)

"Também sejam eles em nós" — o amor de Deus une você a ele próprio. Deus é um, você é chamado a viver nele e a participar do amor dele, e então você é enviado a expressar isso na vida diária por meio de sua unidade com os outros. Amor e proximidade são a vida dos santos de Deus. Imagine como um ramo permanece na videira (Jo 15.1-8). Você crê em Jesus, o que significa que você tem vida. Agora permaneça nele imitando-o e obedecendo ao seu amor, o qual toma um lugar inferior e serve. Dessa forma, o amor se reproduz e se expande ainda mais. Jesus ora isso uma vez, depois ora novamente:

> Eu lhes tenho transmitido a glória que me tens dado, para que sejam um, como nós o somos; eu neles, e tu em mim, a fim de que sejam aperfeiçoados na unidade, para que o mundo conheça que tu me enviaste e os amaste, como também amaste a mim. (Jo 17.22-23)

A pequena adição é a palavra *glória*, da qual Jesus falou anteriormente em sua oração. *Glória* é a santidade em plena exposição. Ela é grande, impressionante. Não se pode desviar o olhar dela. Imagine Jesus, de aspecto ordinário num momento, envolto em luz no outro, os discípulos atordoados e deixados num estado de semicoerência (Mt 17.1-8). A glória incitou Moisés a buscar a face de Deus, e ela evoca o primeiro tabernáculo quando a glória de Deus desceu ali e ele habitou com seu povo. Um com o Pai, o Filho e o Espírito, e, como resultado, um com o outro — isso é glória.

A oração é concluída com o que você pode vir a esperar: seu propósito é estar próximo a Deus, viver com ele na casa dele e experimentar sua divina hospitalidade:

> Pai, a minha vontade é que onde eu estou, estejam também comigo os que me deste, para que vejam a minha glória que me conferiste, porque me amaste antes da fundação do mundo. (Jo 17.24)

Uma experiência comum entre o povo de Deus é: "Eu sei que pessoas estavam orando por mim". Se nós realmente pedimos às pessoas que orem por nos, e permanecemos alertas ao que Deus faz, nós devemos esperar o seguinte:

- uma reunião com uma pessoa polêmica correu melhor do que esperávamos;
- ouvimos em vez de reagirmos;
- somos capazes de conseguir o que precisamos [embora nem sempre o que queremos].

No entanto, há momentos em que nenhum amigo sabe ou ora, e as dificuldades são mantidas em segredo. Podemos saber, então, que o Espírito e o Filho conhecem nosso espírito e falam em nosso favor ao Pai. Você pode dizer: "Eu sei que Jesus estava orando por mim, e eu sei que o Espírito estava orando por mim". As orações deles estão entre aquelas que foram reunidas nas taças de incenso que vieram diante do Pai.

REFLEXÃO

1. Você crê que Jesus e o Espírito oram por você?

2. O que significa dizer que você está destinado à unidade com o Deus trino?

EPÍLOGO

A IGREJA PRIMITIVA

A igreja cristã nem sempre soube o que fazer com o sacerdócio de todos os crentes. A princípio, o ensino sobre isso parece simples. Todos nós somos membros do corpo de Cristo. Trazemos uma diversidade de dons que foram dados por Cristo. Os dons menos visíveis recebem uma honra especial, e tudo isso se une por meio do amor que se interessa mais pelos outros do que por si mesmo (1Co 12-13). Mas nós trazemos nossos próprios pecados. Favorecemos aqueles que podem nos abençoar, portanto, favorecemos os ricos em detrimento dos pobres. E quem não quer ser o primeiro dentre os iguais?

A medida que a igreja se espalhava, as congregações locais tinham ênfase especial e colocavam seus próprios vieses nas aplicações do evangelho. Em nome da unidade, podemos facilmente imaginar um grupo mais centralizado e poderoso que especificaria os limites da fé e da prática. A isso se acrescentou uma estrutura eclesiástica. Presbíteros, bispos e pastores foram nomeados para servir (At 14.23; Tt 1.5). O corpo de Cristo reconheceu o caráter e o crescimento deles em piedade. Embora fossem claramente servos e não senhores, eles serviam em um determinado cargo ou em determinado chamado que era diferente do chamado de outros. Certamente surgiram dúvidas sobre a extensão da autoridade desses homens. Esses foram os ingredientes para uma igreja fraturada.

Um momento se destaca quando Cipriano de Cartago (195- 258) apresentou uma estrutura eclesiástica que se baseava tanto nas tradições políticas romanas quanto na Escritura. Ele sugeriu que somente um homem com o título de bispo poderia administrar a Eucaristia ou a Ceia do Senhor. Uma vez que a Eucaristia era tão central para o culto da igreja, a nova prática deu controle imediato a um grupo em particular.[25] Logo, o nome *sacerdote* não era para todos os crentes, mas apenas para um grupo cuidadosamente cercado com poder religioso e político.

Martinho Lutero foi amplamente responsável pela recuperação da doutrina do sacerdócio de todos os crentes. Em livretos como *À nobreza cristã da nação alemã* (1520), Lutero assumiu uma posição contra a autoridade autoproclamada do papa e a maneira como os padres ordenados haviam sido, de alguma forma, elevados a uma categoria que era diferente do sacerdócio universal. Ele escreveu que aqueles que ocupam cargos na igreja deveriam vir da comunidade e servir por

---

[25] Uche Anizor and Hank Voss, *Representing Christ*, 60-62. Veja também Cyril Eastwood, *The Royal Priesthood of the Faithful: An Investigation of the Doctrine from Biblical Times to the Reformation* (Eugene, OR: Wipf & Stock, 2009).

consentimento e eleição da comunidade. Além disso, aqueles que servem não são mediadores únicos entre Deus e os crentes. Ao contrário, eles equipam a congregação para o ministério de todos os membros (Ef 4.1-12).

A paisagem resultante gerou tudo, desde católicos a quakers, com cada denominação e igreja local avaliando como descrever o trabalho de oficiais da igreja e membros individuais. Mas podemos ter certeza disto: o Espírito foi dado a todos os seguidores de Jesus, e Deus tem prazer em usar homens e mulheres comuns e despretensiosos para fazer avançar seu reino em nossos corações e no mundo. A Escritura não está familiarizada com um laicato passivo que deixa o trabalho do ministério para profissionais ordenados. Como santos, desfrutamos juntos a comunhão de Deus, queremos conhecê-lo ainda melhor e amá-lo ainda mais, e queremos que aqueles que estão mais distantes se aproximem.

OLHANDO PARA FRENTE

O fim não será uma surpresa. Ele sempre esteve embutido na história. A distância entre o céu e a terra sempre foi menor do que esperávamos. Sempre houve escadas pelas quais o Senhor desceu, montanhas que subimos e templos onde a sala do trono estava separada apenas por uma cortina. Houve sempre o Deus pessoal que falava com seu povo e os escutava. Ele se aproximava e, com certas estipulações, nos convidava a nos aproximar dele. Então Jesus veio à terra, e Deus esteve aqui para ficar. Jesus era tanto do céu quanto da terra, o que significava que o plano sempre tinha sido *unir* ambos nele. Em Jesus Cristo,

Deus executou seu plano de "fazer convergir nele, na dispensação da plenitude dos tempos, todas as coisas, tanto as do céu como as da terra" (Ef 1.10).

As vestes do sumo sacerdote apontavam para o fato de que Deus, de alguma forma, habitaria em seu povo. Ao longo do caminho, as vestes da humanidade reuniram alguma variedade. Elas se sujariam e só poderiam ser lavadas pelo próprio Deus. Poderiam ser transformadas em vestes de um mensageiro divino, ou vestes de batalha, ou vestes reais, ou vestes de sacerdotes comuns, ou panos de saco, ou, finalmente, vestes de uma noiva. Ao longo de todas as alterações, as vestes retiveram elementos do padrão sacerdotal, e sempre identificaram como o homem poderia se aproximar de Deus à medida que se aproximava do homem.

Agora esperamos que a plenitude do Santíssimo Lugar apareça: o próprio céu, um quadrado perfeito, imenso (Ap 21.15-17). A casa terrena de Deus era uma versão em miniatura do céu. A casa celeste descerá e infundirá a terra de uma forma que a própria terra brilhará, cheia da luz de Deus e transbordando com sua vida. Não haverá nada impuro e nenhum indício de morte. Mesmo nossas panelas do dia a dia serão santas para o Senhor (Zc 14.20). O que agora conhecemos em parte, conheceremos plenamente, até mesmo como fomos plenamente conhecidos (1Co 13.12). Nós o veremos face a face. O Espírito nos levará plenamente ao Pai e ao Filho, e ouviremos: "Eis o tabernáculo de Deus com os homens. Deus habitará com eles. Eles serão povos de Deus, e Deus mesmo estará com eles" (Ap 21.3).

Epílogo

> Vós, porém, sois raça eleita, sacerdócio real, nação santa, povo de propriedade exclusiva de Deus, a fim de proclamardes as virtudes daquele que vos chamou das trevas para a sua maravilhosa luz. (1Pe 2.9)

REFLEXÃO

Há alguns anos, tenho pensado sobre os temas santos de *estar mais próximo* e de *aproximar-se*. Aqui, acredito eu, estão alguns efeitos disso:

- Eu oro de maneira diferente e oro mais vezes. O Senhor está tão perto que ouve meus pensamentos. *Isso* é muito pessoal e próximo. A oração, como resultado, se tornou mais natural.
- Tenho estudado os salmos. Eles são exemplos de como falamos com o Senhor.
- Tenho um novo zelo pela obediência. A obediência a Cristo serve o relacionamento, e quem poderia resistir a um relacionamento livre, aberto e próximo com o Deus trino? Eu não quero ter nada a esconder diante de Deus ou da humanidade. Tenho visto que essa certamente não é a maneira pela qual fomos destinados a viver.
- Eu recorro a Cristo em meus medos com mais confiança. Sei que ele está comigo. Isso, sem dúvida, será testado em dias que estão por vir.

- Estou gostando mais das Escrituras, especialmente porque entendo melhor as infinitas referências e alusões a tabernáculo, sacrifícios, templos e sangue.
- Sei que a Escritura é muito clara: Deus estende seu convite a todos de braços abertos, e só podemos chegar até ele por meio do sangue de Jesus.
- Estou ansioso por relacionamentos mais pessoais e estreitos com outros.
- Confesso os pecados com mais frequência. Normalmente, diariamente. Com agradecimentos.

Fico maravilhado por Deus querer me atrair para seu relacionamento trino. Isso é tão surpreendente que eu preciso de lembretes persistentes. A oração de Jesus em João 17 é um deles. Lá ele até ora para que sejamos incluídos na proximidade que é desfrutada dentro da Trindade. Outra passagem é a favorita de muitos, e por boas razões: "Eis que estou à porta e bato; se alguém ouvir a minha voz e abrir a porta, entrarei em sua casa e cearei com ele, e ele, comigo" (Ap 3.20). Ele me convida a aproximar-me dele. Ele também bate persistentemente à minha porta, esperando pacientemente pelos meus tempos de mornidão.

E você?

Obrigado por considerar essas coisas comigo.

FIEL
MINISTÉRIO

O Ministério Fiel visa apoiar a igreja de Deus, fornecendo conteúdo fiel às Escrituras através de conferências, cursos teológicos, literatura, ministério Adote um Pastor e conteúdo online gratuito.

Disponibilizamos em nosso site centenas de recursos, como vídeos de pregações e conferências, artigos, e-books, audiolivros, blog e muito mais. Lá também é possível assinar nosso informativo e se tornar parte da comunidade Fiel, recebendo acesso a esses e outros materiais, além de promoções exclusivas.

Visite nosso site

www.ministeriofiel.com.br